검은 눈물
석유

지식과 생각의 레벨업
미래생각발전소

# 검은 눈물
# 석유

김성호 글 | 이경국 그림

미래i아이

## 머리말

## 왜 지금 석유를 말하는 걸까요?

성경에 나오는 '노아의 방주' 이야기를 아나요? 하느님이 대홍수를 일으키기 전에 노아에게 커다란 배를 만들게 하고, 동물들을 한 쌍씩 태워 종족을 보존하게 했다는 유명한 이야기지요. 이때 노아는 배의 안쪽과 바깥쪽에 끈적끈적한 검은색의 '역청'을 발랐다고 해요. 이것 때문에 40일간 물 위에 떠 있는 동안에도 배 안으로 물이 스며들지 않았고요. 노아가 배에 발랐던 '역청'이라는 게 도대체 뭘까요? 그건 오늘날 도로를 닦을 때 쓰는 아스팔트예요. 석유의 일종이지요. 그러니까 인간은 이미 3,200년 전부터 석유의 존재를 알고 있었던 거예요.

하지만 석유는 아주 오랜 세월 동안 수수께끼의 물질로 남아 있었어요. 그러다가 19세기 들어 굴착 기술이 발전하면서 석유는 긴 잠에서 깨어나 세상에 등장해요. 때맞춰 미국에서 자동차가 발명되면서 석유는 그야말로 날개를 달게 되지요. 그리고 이어진 두 차례의 큰 전쟁(1차, 2차 세계 대전)에서 석유는 전쟁을 승리로 이끄는 결정적인 변수로 작용하게 돼요.

전쟁이 끝난 후에 석유는 세계의 질서를 급격히 바꾸어 놓았어요. 석유가 많이 나는 나라는 부유해졌고, 그때까지 '해가 지지 않는 나라'

라 불리며 세계 제1의 국가였던 영국은 거대한 유전이 있었던 미국에게 강자의 자리를 내주어야 했지요. 뿐만 아니라 세계는 본격적으로 석유를 차지하기 위한 크고 작은 전쟁들을 시작해요. 아프리카에서는 석유를 차지하기 위한 내전 때문에 약 200만 명이 목숨을 잃었고, 지금도 중동에는 유전을 핑계로 많은 미군이 주둔하고 있지요.

석유는 우리나라의 경제에도 많은 영향을 미쳐요. 우리는 이미 1970년대에 두 차례의 심각한 석유 파동을 겪기도 했어요. 또한 석유는 환경 파괴와 전쟁이라는 어두운 그림자도 던져 주었지요. 석유가 점점 고갈되어 가고 있다는 불안감도 커지고 있고요.

그래서 석유에 관심을 갖게 되었고, 그 진실을 알고 싶어졌어요. 이제 우리는 석유 없는 세상은 단 하루도 상상할 수가 없게 되었죠. 지금도 석유가 나는 곳은 끔찍한 전쟁이 끊이지 않고 있고요. 산업은 물론이고 우리 생활과도 떼려야 뗄 수가 없는 중요한 지원, 석유. 이제 그 석유에 대해 이야기를 시작하려고 해요. 더불어 석유를 대신할 대체 에너지는 있는지, 있다면 지금 어느 정도 준비가 되고 있는지 등을 생각해 보면 좋겠어요.

끝으로 이 책을 쓰는 데 도움을 주었던 후배와 연세대학교 도서관, 정독 도서관, 원주 시립 도서관, 북스토어 그리고 동영상 자료를 허락해 주신 카페 운영자 님과 미래아이 여러분께 감사의 마음을 전합니다.

김성호

○ 차례

**Chapter 1** 석유는 어떻게 생기는 걸까?
- 석유란 무엇인가? ...12  • 석유는 어떻게 발견되었을까? ...13
- 석유는 어떻게 생길까? ...16  • 왜 우리나라에서는 석유가 나지 않는 걸까? ...20

**Chapter 2** 석유를 어떻게 처음 사용하게 되었을까?
- 나무에서 석탄으로 ...28  • 석유 시대의 개막 ...35
- 누가 바위 좀 뚫어 주세요! ...40  • 마침내 발견된 지구의 주유소 ...43
- 자동차의 등장 ...47  • 우리나라의 석유 역사 ...51

**Chapter 3** 석유는 우리 생활에 어떤 영향을 미칠까?
- 석유와 물가 ...60  • 석유 가격이 오르면 왜 물가가 오르는 걸까? ...62
- 석유 가격은 어떻게 결정될까? ...66  • 오일 쇼크(석유 파동) ...71
- 석유가 안 나도 석유를 수출할 수 있다! ...76

**Chapter 4** 석유를 왜 '검은 눈물'이라고 할까?
- 검은 눈물, 석유 ...88  • 1차 세계 대전과 석유 ...89
- 2차 세계 대전과 석유 ...93
- 1차 걸프전 ...97  • 2차 걸프전(이라크 전쟁) ...103

**Chapter 5** 석유는 환경 파괴의 주범일까?
- 지구가 더워요 ...114  • 검은 해변 ...120

**Chapter 6** 석유는 지구상에서 사라지는 걸까?
- 석유는 곧 고갈될 거야! vs 아니야, 석유는 충분해! ...132
- 피크 이론 ...133  • 줄어드는 세계의 석유 ...136
- 석유는 충분해! ...142  • 무한한 가능성의 바다와 오일 샌드 ...146

**Chapter 7** 석유를 대체할 에너지는 있을까?
- 석유가 없는 시대를 대비하며 ...154  • 신·재생 에너지 ...155
- 에너지 절약을 실천하는 사람들 ...160

**부록 : 석유에 관한 재미있는 이야기들** ...164

Chapter 1
석유는 어떻게
생기는 걸까?

아주아주 오래된 사체의 검은 진액인 석유.
오늘도 우리는 석유를 입고 마신다.

# 석유란 무엇인가?

석유는 땅에서 나는 검은 갈색 기름이에요. 땅에서 나온 기름(원유)에는 유황이나 질소, 그 밖의 오염 물질들이 섞여 있지요. 그래서 이런 불순물들을 거르고 효율적으로 사용하기 위해 그 쓰임새에 따라 나누는데, 이를 '정제'라고 해요. 석유는 이런 정제 과정을 거쳐서 만들어진 석유 제품들을 통틀어 일컫는 말이에요. 석유 제품은 용도에 따라 LPG(액화 석유 가스), 나프타, 휘발유, 등유, 경유, 중유, 윤활유, 아스팔트 등으로 분류돼요.

석유의 주성분은 **탄소**와 **수소**예요. 그러니까 석유는 **탄화수소 화합물**이에요. 탄화수소는 종류가 아주 많고, 어떻게 가공하느냐에 따라 그 용도가 무한대로 변화 가능한 특성을 가지고 있지요. 즉, 탄소와 수소의 수나 위치를 바꾸기만 해도 어느 화합물을 다른 화합물로, 또는 수천 가지의 새로운 화합물로 변화시킬 수가 있어요. 이런 무궁무진한 유용성 때문에 석유는 '화학 공업'의 원료로 광범위하게 사용되고 있어요. 또한 불에 잘 타는 성질 때문에 음식을 끓이거나 어둠을 밝히는 전등, 집을 따뜻하게 하는 보일러의 열원 등으로 많이 쓰이지요.

$$Oil = C + H + \cdots$$

## 석유는 어떻게 발견되었을까?

인류는 언제부터 석유를 사용하기 시작했을까요? 학자들은 약 3,200년 전이라고 말하고 있어요. 성경에 기록된 노아의 방주 편에는 이런 내용이 나와요. "노아가 방주를 만들 때 하느님이 말씀하시길 '배 안쪽과 바깥쪽에 피치를 바르라.'"(창세기 6:14)

**피치란** 지상으로 흘러나온 끈적거리는 고체 석유를 말해요. 페르시아(지금의 중동) 사람들은 배나 집을 만들 때 물이 스며들지 않게끔 피치를 방수제로 사용했어요. '십계'로 잘 알려진 모세의 일화에서도 피치에 대한 내용이 나와요. 이집트 왕이 아기 모세를 죽이려고 하자 모세의 어머니는 갈대의 일종인 파피루스로 배를 만들고 피치를 배의 바깥쪽에 발랐다고 해요. 또 피치는 농사에도 유용하게 쓰였어요. 강물의 옆구리를 살라 낸 수로를 내어 밭에 물을 댈 때 피치를 썼거든요. 수로 바닥에 피치를 바르면 물이 땅속으로 스며들지 않아 필요한 만큼 물을 쓸 수 있었던 거예요. 그러고 보면 고대의 사람들은 무척 현명하죠? 석유가 물과 섞이지 않는다는 사실을 벌써 알았으니까요. 또 고대 이집트 사람들은 설사병을 치료하기 위해 석유를 빵에 발라 먹기도 했어요. 잼처럼 말이에요.

그렇지만 그 당시의 사람들은 석유를 기껏해야 약품이나 방수제 정도로만 생각했을 뿐이에요. 석유의 진짜 힘을 알 수 없었기에 석유로 등잔불을 밝히거나 방을 따뜻하게 데울 생각은 하지도 못했지요.

그러던 어느 날이었어요. 야외에서 불을 피우던 페르시아 사람들은 깜짝 놀랐어요. 엄청난 폭발 소리와 함께 하늘로 치솟는 거대한 불기둥을 보았거든요. 이 불기둥은 바로 불이 붙은 석유와 가스였어요. 그건 정말로 우연이었어요. 불을 피우는 바로 옆에서 석유와 가스가 땅속에서 스멀스멀 새어 나올 줄은 꿈에도 몰랐으니까요. 긴 세월 동안 감춰져 있던 석유의 비밀들 중 하나, 즉 불에 잘 붙는 특성이 세상에 드러나는 순간이었던 거예요. 페르시아 사람들은 오랫동안 꺼지지 않는 이 불기둥을 보면서 두려움에 떨었어요.

**이 불은 신성하다. 틀림없이 지하 어딘가에 영원히 꺼지지 않는 불길이 있을 거야. 어쩌면 죽은 영혼들의 안식처일지도 몰라.**

그 후부터 페르시아 사람들은 불을 숭상하는 종교인 조로아스터교(배화교)를 만들어 냈어요. 불을 숭상하다니 놀랍다고요?

하지만 그리 놀라운 일은 아니에요. 옛날 사람들은 악어나 뱀, 호랑이, 곰 등 사납고 힘이 센 동물에게나 변화하는 자연환경에 큰 두려움을 가지고 있었어요. 그래서 이런 것들을 섬기는 종교를 만들곤 했지요.

이렇게 해서 사람들은 이제 석유가 불에 쉽게 붙는다는 사실을 알게 되었어요. 하지만 여전히 석유에 큰 관심을 가지지는 않았어요. 이미 나무를 땔감으로 사용하고 있었고, 대부분의 석유는 땅과 바닷속 깊은 곳에 감춰져 있었기 때문에 그것을 끄집어낼 기술이 없었거든요. 그러니까 당시의 중요한 에너지원은 석유가 아닌 나무였지요.

## 석유는 어떻게 생길까?

　조금 징그럽게 생긴 이 녀석은 삼엽충이라는 벌레예요. 오래전에 멸종해서 지금은 볼 수 없지만 지구 상에 있는 절지동물, 그러니까 메뚜기나 귀뚜라미 같은 곤충들의 조상이라고 할 수 있어요. 약 5억 년 전 지구의 바닷속에는 이런 삼엽충들이 우글우글했을 거예요. 우리는 그 시대를 고생대*라고 불러요.

　삼엽충은 바다를 헤엄쳐 다니며 물벌레 따위를 잡아먹으면서 살았어요. 그러다가 수명이 다하면 다른 삼엽충 시체들과 시든 바다 식물들과 함께 바다 밑에 쌓였죠. 그 위로 계속 흙과 모래가 쌓이는 퇴적이 이어졌고요. 이렇게 퇴적이 계속 이루어지다 보면 생물의 시체는 몇 백만 년이 지나면 땅속 수천 미터 깊이까

**삼엽충** 고생대의 중요한 표준 화석으로, 얕은 바다나 바다 밑의 진흙 등에서 살았다.

지 묻히게 돼요. 게다가 땅속으로 100미터 들어갈 때마다 온도가 평균 3도씩 높아지니 수천 미터의 땅속은 엄청난 압력과 뜨거운 열을 받을 거예요.

이런 상태로 시간이 흘러 시체가 썩으면 몸에서 단백질 성분이 흘러나와요. 이때 다시 지구의 **압력**과 **열**을 받아 탄화수소라는 액체 물질로 변하게 되고요. 이 물질이 바로 석유예요. 석유는 이렇게 생물이 열과 압력을 받아 변하면서 만들어져요. 마치 참깨나 들깨를 볶아 힘껏 눌러서 기름을 짜는 것과 같은 이치지요.

우리 눈에는 보이지 않지만 지금도 땅과 바닷속에서는 이런 변화 과정이 끊임없이 일어나고 있을 거예요. 불을 밝히고, 방을 따뜻하게 하고, 자동차를 달리게 하는 석유가 사실은 수많은 동식물들의 사체로 만들어진 거라니 조금 으스스하죠? 석유의 사촌쯤 되는 또 다른 탄화수소인 석탄도 이와 비슷한 과정을 거쳐 만들어져요.

그런데 왜 같은 탄화수소인데도 석탄은 단단한 고체이고, 석유는 물 같은 액체일까요? 그것은 석탄과 석유의 재료가 달라서 그래요. 석유는 삼엽충이나 공룡, 물고기, 미생물 등 주로 죽은 동물이 그 재료이지만 석탄은 식물이 주재료예요. 동물은 식물보다 지방이 훨씬 많지요. 지방에는 수소가 많이 들어 있고요. 동물의 지방은 분해되면서 탄소와 결합해서 움직임이 큰 탄화수소가 만들어져요. 이 수소 성분 때문에 석유는 끈적끈적한 액체 상태로 만들어지는 거예요.

그래서 석탄은 누군가가 땅을 파고 꺼내 주기 전까지는 땅속에 그대로 머물러 있지만 석유는 물 같은 액체 상태이기 때문에 조금만 빈틈이 있어도 그 틈을 통해 탈출하려는 습성이 있어요. 졸졸졸, 지하 깊은 곳에서 지상으로 여행을 가는 것이지요.

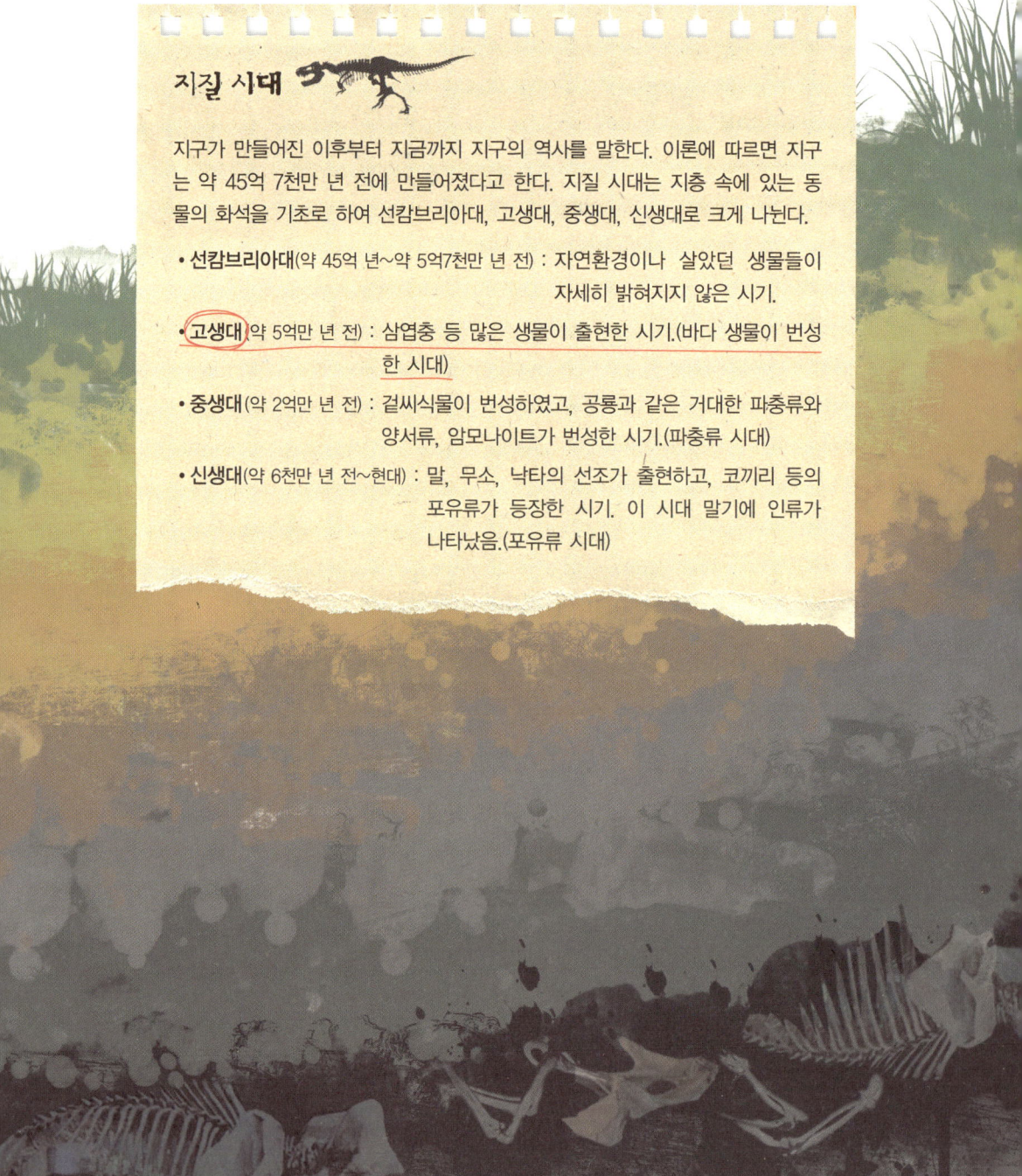

## 지질 시대

지구가 만들어진 이후부터 지금까지 지구의 역사를 말한다. 이론에 따르면 지구는 약 45억 7천만 년 전에 만들어졌다고 한다. 지질 시대는 지층 속에 있는 동물의 화석을 기초로 하여 선캄브리아대, 고생대, 중생대, 신생대로 크게 나뉜다.

- 선캄브리아대(약 45억 년~약 5억7천만 년 전) : 자연환경이나 살았던 생물들이 자세히 밝혀지지 않은 시기.
- 고생대(약 5억만 년 전) : 삼엽충 등 많은 생물이 출현한 시기.(바다 생물이 번성한 시대)
- 중생대(약 2억만 년 전) : 겉씨식물이 번성하였고, 공룡과 같은 거대한 파충류와 양서류, 암모나이트가 번성한 시기.(파충류 시대)
- 신생대(약 6천만 년 전~현대) : 말, 무소, 낙타의 선조가 출현하고, 코끼리 등의 포유류가 등장한 시기. 이 시대 말기에 인류가 나타났음.(포유류 시대)

석유는 지질 시대의 동식물의 시체가 육지 및 해안에 몇 백만 년 동안 쌓이고 쌓여 만들어진 물질이다.

# 왜 우리나라에서는 석유가 나지 않는 걸까?

석유는 바다 생물의 시체가 흙이나 모래에 덮여 퇴적암층이 만들어진 지역에서 나와요. 퇴적암층에서는 지반의 특성상 만들어진 석유가 땅속으로 스며들지 않고 고여 있기 때문이죠. 고생대나 신생대 때 바다였던 지역, 바다 중에서도 해저 분지 지형이 석유가 나기에 가장 알맞아요.

그런데 우리나라는 신생대에도 육지 생물의 화석이 발견되는 것으로 미루어 보아 오랜 옛날에도 육지였을 거예요. **지형의 특성상 석유가 나올 수 있는 여건이 안 되었던 거죠.** 이렇게 석유가 나지 않다 보니 우리나라는 필요한 석유를 전부 다른 나라에서 수입을 해요.

참고로 지금 전 세계에서 사용하는 석유의 대부분은 중동 지역에서 나요. 사우디아라비아, 이란, 이라크, 쿠웨이트, 아랍에미리트 연합국 순서로 생산되고 있지요. 그 밖에는 북아프리카, 유럽의 북해와 중앙아시아의 카스피 해, 중앙아프리카의 카메룬, 나이지리아, 동남아시아, 미국, 남아메리카의 아마존 유역의 나라들에서 석유를 생산하고 있어요.

'에너지를 아껴 씁시다. 한국은 석유 한 방울 나지 않는 나라예요.' 이런 이야기를 들어 본 적 있죠? 이 말은 에너지를 수입해서 쓰는 우리나라의 처지를 잘 표현하고 있어요. 그렇다고 우리나라에서 석유가 나올 경우 펑펑 써도 된다는 건 아니에요. 석유는 한정된 자원이니까요.

그런데 알고 보면 우리나라에서 석유가 한 방울도 나지 않는 것은 아니에요. 분명히 우리나라에도 석유가 있고 생산을 하고 있어요. 정말이냐고요? 물론 정말이죠. 우리나라에서 석유가 나는 곳은 바로 바다예요.

우리나라도 1964년부터 국립지질조사소가 중심이 되어 석유 탐사를 시작하여 경상북도 포항과 영덕 지역에서 석유층을 찾았어요. 하지만 그 양이 너무 적어서 개발을 할 수가 없는 거예요. 석유층까지 구멍을 뚫고 뽑아내는 비용에 비해 실제로 얻을 수 있는 석유의 양이 너무 적기 때문이죠.

그렇지만 동해에 있는 동해-1 가스전에서 상당량의 천연가스(LNG)층이 발견되었어요. 실제로 2007년 4월부터 울산과 경남 지역에서 쓰는 가스는 이곳에서 생산되는 것을 사용하고 있고요.

그리고 **최근에는 독도 주변 깊은 바다에서 '메탄 하이드레이트'라는 메탄가스를 발견했어요.** 이 가스는 깊은 바다의 낮은 온도 때문에 뭉쳐져서 고체화된 형태로 있는데, 전 세계적으로 깊은 바다에 매장된 양이 엄청나게 많아서 차세대 동력원으로 사용될 것이라고 하죠.

메탄 하이드레이트는 그 자체로도 훌륭한 광물 자원이지만, 석유가 매장되어 있음을 알려 주는 지시 자원으로도 가치가 매우 높아요. 즉, 독도 부근에 천연가스나 석유가 상당량 매장되어 있을 가능성이 매우 높다는 이야기지요. 이 때문에 일본이 독도를 자기네 땅이라고 자꾸 우기는 거예요.

이처럼 우리나라는 원유는 거의 나지 않지만 매장된 천연가스의 양은 풍부한 편이에요. 매장량은 약 500만 톤인데 앞으로 50년 정도 쓸 수 있는 양이라고 하지요. 한국석유공사는 앞으로 더 많은 원유와 석유, 가스 유전을 개발할 계획이라고 해요. 만일 우리나라 앞바다에 대규모 유전이 발견된다면? 휴! 상상만 해도 가슴 뛰지 않나요?

## 석유가 돌 기름(石油)인 이유

아주 오랜 옛날, 사람들은 바위틈에서 흘러나오는 액체를 발견하고 석유라는 이름을 붙여 주었다. 석유(石油)란 말 그대로 바위, 즉 돌(石)에서 솟아나는 기름(油)이란 뜻이다. 영어로는 'petrol'인데, 이것은 돌을 뜻하는 라틴어 'pelters'에서 나온 말이다. 그러니까 석유는 영어로도 '돌에서 나오는 기름'이란 뜻을 가지고 있는 셈이다.

북아메리카

석유는 북아메리카, 러시아, 아프리카, 서남아시아에서 많이 나는데, 그중에서도 이란, 이라크, 사우디아라비아, 쿠웨이트에서 가장 많이 난다.

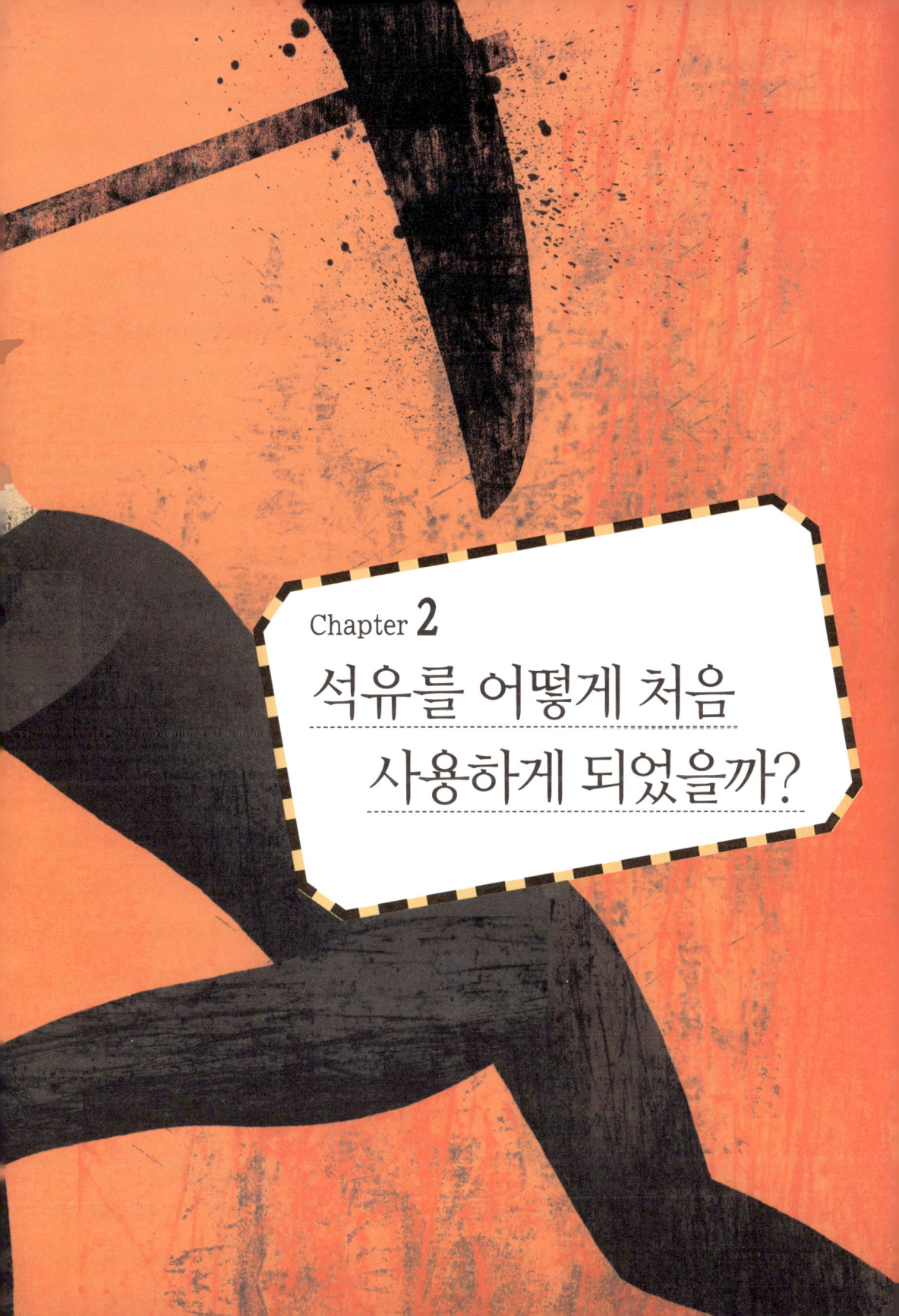

석유를 가진 자,
　　부와 **권력**을 가질 것이다.

## 나무에서 석탄으로

우리가 사는 데 필요한 에너지, 혹은 에너지원이란 한마디로 불(열)을 만드는 데 필요한 힘을 말해요. 그러니 좋은 에너지원은 불에 쉽게 잘 타는 물질이어야 하지요. **인류가 최초로, 또 가장 오랫동안 사용했던 에너지원은 나무**였어요. 오래전 지구에는 나무가 무척 흔했거든요. 톱이나 도끼 같은 간단한 도구만 있으면 나무는 산이나 숲에서 손쉽게 구할 수 있었어요. 인류는 자연에서 베어 온 나무를 이용해 집 안을 따뜻하게 하고 음식을 만드는 데 사용했어요. 또 철을 녹여 농기구와 무기를 만들기도 했지요.

하지만 농사만 짓던 사람들이 유리와

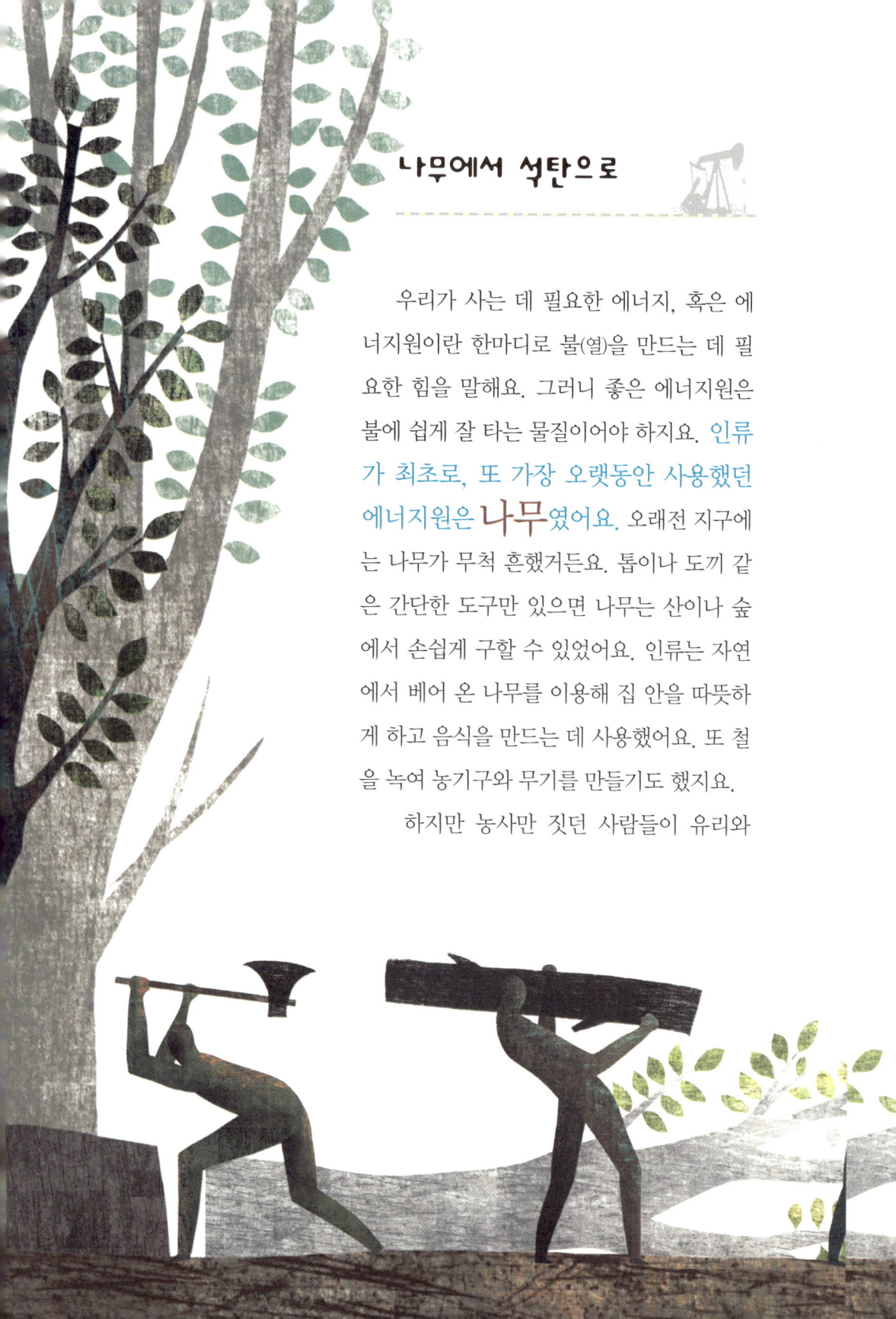

염료, 맥주, 소금, 석회를 사용하게 되고, 제철업을 시작하면서 땔감으로 쓸 더 많은 나무가 필요해졌어요. 구리 광석에서 4.5킬로그램의 구리와 9킬로그램의 철을 얻으려면 각각 1톤의 나무 땔감이 필요했어요. 따라서 1년 동안 제철소 한 곳에서 필요한 나무를 얻기 위해서 무려 9.9억 제곱미터의 임야를 태워야만 했지요.

이렇게 너도나도 나무를 베어 가면서 지구의 녹색은 조금씩 옅어졌어요. 산은 벌거숭이가 되었고 숲이 빠르게 사라져 가면서 나무는 점점 귀해졌지요. 사람들은 곰곰이 생각했어요.

새로운 에너지가 필요해. 나무보다 좀 더 강력하고 새로운 에너지원은 없을까?

그러고는 석탄에서 그 답을 찾기 시작했어요. **석탄**은 나무보다 훨씬 우수한 에너지원이었어요. 엄청난 양이 땅속에 묻혀 있어서 값도 저렴했지요. 같은 부피로 비교해 볼 때 석탄은 나무보다 훨씬 가벼워서 먼 거리까지 옮기는 데에도 편리했어요. 무엇보다도 석탄을 사용하면 나무보다 서너 배나 많은 에너지를 얻을 수 있었어요. 하지만 석탄이 이런 장점을 가지고 있는데도 유럽 사람들은 그리 달가워하지 않았어요.

콜록콜록

욱, 정말 지독한 연기다.
숨을 못 쉬겠어.

유럽 사람들이 처음 사용했던 석탄은 갈탄이었는데, 이것은 지표면에 가장 가까이 묻혀 있기 때문에 캐내기는 쉬웠지만 유황과 각종 공해 물질이 듬뿍 들어 있는 오염 덩어리였어요.

다행히 갈탄을 씀으로써 받는 고통은 그리 오래가지 않았어요. 갈탄보다 더 아래에 묻혀 있는 깨끗한 무연탄과 역청을 발견했거든요. 하지만 그 기쁨도 오래가지 않았어요. 무연탄과 역청이 묻힌 땅속 깊은 곳은 항상 지하수로 가득 차 있거든요. 따라서 그 물을 빼내지 않으면 안 되었어요. 하지만 물을 빼낼 방법이 없었어요. 펌프가 없던 시절이었으니까요.

1705년, 전도사이자 대장장이었던 토머스 뉴커먼은 이 문제를 해결했어요. 그는 무려 10년을 연구한 끝에 석탄을 태운 힘으로 움직이는 증기 엔진으로 지하의 물을 빼내는 발명을 했어요. 이 엔진 한 대의 힘은 50마리의 튼튼한 말이 끄는 수동 펌프와 같았어요. 이것은 훗날 영국이 석탄의 힘으로 산업 혁명을 이루어 세계 최고의 강대국으로 우뚝 서게 되는 획기적인 발명품이었지요. 그리고 57년 후인 1769년에 제임스 와트는 토머스 뉴커먼의 증기 기관을 더욱 개량한 증기 기관을 만드는 데 성공했어요.

석탄을 연료로 하는 증기 기관의 잇단 등장은 유럽 사회를 크게 바꾸어 놓았어요. 공장들이 생겨났고, 물건들을 값싸게 대량 생산할 수 있게 되었지요. 이렇게 생겨난 공장들은 사람들에게 많은 일자리를 주었으므로 농촌 사람들은 쟁기를 던지고 도시로 달려갔어요. 이것이 유명한 '산업 혁명'이에요. 산업 혁명이 영국에서 가장 먼저 일어날 수 있었던 것은 역시 석탄의 힘이었어요. 유럽에서 석탄이 가장 많이 매장된 나라가 영국이었거든요. 1년에 영국에서 생산되는 석탄량은 약 200만 톤으로, 세계 총 생산량의 80퍼센트가 넘는 수치였어요.

증기 기관에 이어 석탄을 이용한 발명품은 계속해서 나타났어요. 1802년에 스코틀랜드 사람인 윌리엄 머독은 더 많은 물건을 만들기 위해 직원들이 밤늦게까지 공장에서 일하기를 원했어요. 그래서 석탄 가스를 이용한 가스등을 고안해 냈어요.

이 가스등의 발명으로 사람들은 더 오랫동안 일을 할 수 있게 되었고, 공장 창고에는 물건들이 넘쳐났어요. 그 후 가스등은 영국과 유럽 전역으로 퍼져 나가게 되었지요.

석탄을 타지 않게 가열하면 가스 외에도 콜타르라고 불리는 끈적끈적한 물질이 나와요. 이 콜타르를 다시 가열하면 투명한 액체가 나오는데 유럽 사람들은 이것을 램프에 넣고 불을 밝혔어요. 이것이 바로 등유예요. 등유란 등을 밝히는 기름이란 뜻이지요.

물론 석탄도 여러 가지 문제점을 가지고 있었어요. 나무를 얻기 위해서 그랬던 것처럼 사람들은 이제 더 많은 석탄을 캐내

**증기 기관** 석탄을 태워 물을 끓여서 발생하는 수증기(증기)의 힘으로 기계를 움직이게 하는 장치이다. 증기 기관의 발명과 발전은 공장제 기계 공업과 교통 기관의 발달을 가져왔다.

기 위해 땅을 점점 더 깊이 파 들어가야만 했어요. 그렇게 무리하게 채굴 작업을 하다가 갱도가 무너지면서 죽고 다치는 사람들이 늘어났지요. 또 탄화수소 덩어리인 석탄을 태우면 태울수록 그만큼의 이산화탄소가 발생하는데 이것 때문에 유럽의 하늘은 점점 어두워져 갔고, 환경 오염도 심각해졌어요. 이런 단점이 있는데도 **석탄은 꽤 오랫동안 유럽 사회의 중요한 에너지원으로 사랑을 받았어요.** 마치 석탄의 시대는 영원할 것처럼 보였지요.

하지만 나무를 대신해 등장한 석탄의 시대도 새로운 에너지원의 등장으로 서서히 막을 내리기 시작했어요. 그 시작은 1859년 8월 27일에 미국 사람인 에드윈 드레이크가 지하 20미터에서 석유를 발견해 내면서부터였어요.

석탄을 연료로 하는 증기 기관과 석탄 가스를 이용한 가스등의 발명 등 석탄 산업은 나날이 발전해 갔다. 그러나 석유가 발견되면서부터 영원할 것 같던 석탄 시대도 저물고 있었다.

## 석유 시대의 개막

석유는 오랫동안 '역청'으로 불리며 액체, 고체 또는 기체 형태로 사람들을 현혹시키는 '마법의 물질'이었어요. 과학이 발달한 오늘날에도 석유의 성분이 탄화수소라는 것은 밝혀졌지만, 그 기원에 대해서는 확고한 정설이 없을 정도니까요.

하지만 석유는 오래전부터 이용되어 왔어요. 성경에도 노아의 방주에 방수용으로 사용됐다는 기록이 있고, 기원전 3000년경에 메소포타미아 지방의 어느 수메르 사람은 역청으로 조각상을 만들기도 했으며, 바빌로니아 사람도 건축에 접착제로 사용한 기록이 남아 있어요.

그러나 석유가 전 세계적으로 사용되기 시작한 것은 무엇보다도 어둠을 밝히는 등유로 쓰이면서부터였어요. 우리나라와 마찬가지로 유럽에서도 석유를 사용하기 전에는 아마기름이나 올리브기름 같은 식물성 기름으로 어둠을 밝혔어요. 그러다가 1850년을 전후해서 역청질의 석탄으로 제조한 등유를 사용했지요.

18세기 이후부터 미국에서는 등화용 연료로 고래기름을 사용했어요. 당시에는 고래기름이 가장 우수한 연료였어요. 이 고래기름으로 집은 물론이고 등대나 거리를 밝혔고, 공장 기계의 윤활유로도 사용했지요. 그 밖에도 고래는 여성들의 드레스 심이나 코르셋 심, 수술 도구, 낚싯대에 이르기까지 수백 가지 용도로 쓰였어요. 사람들은 고래가 바다에서 사라지는 일은 없을 거라고 생각했어요.

하지만 산업이 발전할수록, 인구가 늘수록 고래기름은 더 많이 필요해졌어요. 본격적으로 석유를 발굴하기 전까지 **고래기름**은 아주 중요한 에너지원이었던 거예요. 하지만 고래가 점점 줄어들었어요. 당연히 고래기름의 가격도 점차 올라갔죠. 고래기름은 동식물류나 석탄에서 추출한 기름을 대체해서 쓰기에는 만족스럽지 못했어요.

그렇지만 처음 미국으로 건너간 유럽 사람들은 어쩌다 땅 위로 흘러나오는 석유보다는 소금에 관심이 더 많았어요. 19세기까지 소금은 굉장히 귀한 물건이었거든요.

새로운 땅 미국에서도 소금은 절대적으로 부족했어요. 미국 사람들은 소금을 얻기 위해 여기저기에 우물을 팠어요. 땅속에는 소금층이 있어서 그것을 찾아 우물을 판 후 그 물을 거르면 소금을 얻을 수 있었기 때문이죠. 그런데 우물물에서 소금 말고도 괴상한 기름이 종종 섞여 나오곤 했어요. 약을 팔던 약종상 사무엘 키어는 그 기름에 호기심을 가지게 되었어요. 약에 대해 잘 알고 있는 그는 이 기름 덩어리가 다름 아닌 인디언들이 약으로 사용하던 석유라는 사실을 알게 되었죠. 그는 기름을 건져 내어 헝겊으로 걸러 낸 후 병에 담아 약 가게에 팔았어요. 떠들썩하게 선전도 하고요.

이 광경을 보며 고개를 갸웃거리는 한 사람이 있었어요. 그는 류머티스 약 따위에는 전혀 관심이 없었어요. 그는 석유에 관심이 많았던 조지 비슬이라는 사람이었어요. **조지 비슬은 석탄**

새로운 류머티스 약이 왔어요. 바르는 순간 아픈 곳이 싹 사라지는 신비의 약! 줄서요, 줄!

가스등보다 더 밝은 빛을 내는 연료가 석유라고 굳게 믿고 있었어요. 하지만 석유는 쉽게 얻을 수 있는 물건이 아니었어요. 아주 운이 좋으면 지표면 위로 흐르는 소량의 석유를 구할 수 있을 뿐이었지요. 어쨌든 사무엘 키어가 팔던 약병을 하나 산 그는 깊은 생각에 잠겼어요. 약병에 든 것이 석유라는 것을 그는 눈치챘던 거예요.

조지 비슬은 석유를 얻기 위해 즉시 펜실베이니아 주로 달려갔어요. 그 당시 미국에는 이미 석유를 시추하는 몇 개의 회사가 있었어요. 하지만 시추 기술이 보잘것없었기 때문에 지표면에 스며든 석유를 조금 뽑아내는 것에 불과했어요. 그나마 그 석유들은 램프가 아니라 의약품으로 사용되었을 뿐이지요. 재미있는 사실은, 조지 비슬은 자신이 석유를 판다는 사실을 처음에는 사람들에게 숨겼다는 거예요. 당시만 해도 많은 사람들은 석유를 땅에서 파내는 일을 미쳤다고 생각했거든요. 석유(石油)는 말 그대로 바위틈에서나 흘러나온다고 믿었던 거예요.

하지만 우물을 파는 깊이로는 석유가 발견되지 않았어요. 조지 비슬은 땅을 더욱 깊이 파야 한다고 생각해서 에드윈 드레이크라는 기술자를 고용했어요. 철도 차장이었던 **에드윈 드레이크는 땅을 깊게 파는 기계를 고안해 냈어요.** 그리고 신나게 땅을 파기 시작했지요. 하루에 1미터씩밖에 팔 수 없는 느림보 기계였지만 말이에요.

그런데 21미터를 파 내려갈 무렵 거짓말처럼 석유가 뿜어져 나왔어요. 에드윈 드레이크와 비슬은 너무 좋아 어쩔 줄 몰랐어요. 이 일은 **석유가 자연적으로 뿜어져 올라오는 것을 기다리지 않고 인류가 기계를 이용해서 직접 시추**한 역사적인 사건이에요.

에드윈 드레이크가 발견한 유전에서는 하루에 30배럴의 석유가 뿜어져 나왔어요. 여기에서 생산해 낸 석유는 1배럴에 20달러라는 비싼 가격에 팔렸죠. 덕분에 그는 단숨에 큰 부자가 되었어요.

한편 석유가 발견되었다는 소식은 미국 전역에 퍼졌어요. 삽시간에 여기저기에서 사람들이 몰려와 에드윈 드레이크의 유정 근처에 굴착 탑들을 설치하고 구멍을 뚫기 시작했어요. 그리고 그들도 석유를 발견하게 되었지요. 갑자기 석유가 흔해지자 배럴*당 20달러였던 석유 가격이 1달러 20센트까지 떨어졌어요. 그 바람에 많은 석유 회사들이 파산했고, 에드윈 드레이크도 실업자가 되고 말았어요. 그는 석유로 큰돈을 벌었지만, 늙어서는 연금을 받아서 겨우겨우 살다가 죽었어요. 그렇지만 최초로 석유를 시추해 낸 공로를 인정받아 에드윈 드레이크는 오늘날까지 석유 시추의 아버지라고 불리고 있답니다.

### 1배럴은 왜 158.98리터일까?

배럴은 석유를 측정하는 단위로, 나무통이란 뜻이다. 150년 전에 처음으로 기계를 사용해서 원유를 시추한 후 사람들은 원유를, 포도주를 저장하는 원통형의 나무통과 비슷한 크기의 나무통에 담아 운반했다. 이 나무통에 저장할 수 있는 원유의 양은 약 50갤런, 200리터였다. 그러니까 원래 1배럴은 200리터라야 맞다. 그런데 왜 1배럴이 158.98리터로 줄어 버렸을까?

여기에는 재미있는 사연이 있다. 당시에는 자동차가 없었기 때문에 주로 마차에 나무통을 싣고 먼 거리까지 운반하곤 했다. 그런데 나무통에는 이음새가 있어서 운반하는 동안 내용물이 조금씩 새어 나가거나, 햇볕에 증발되기도 했다. 그러다 보니 목적지에 도착해서 다시 재어 보면 200리터가 158.98리터로 줄어 있는 경우가 많았다. 그 이후로 석유의 1배럴은 공식적으로 158.98리터가 되었다.

## 누가 바위 좀 뚫어 주세요!

　에드윈 드레이크가 발명한 굴착 기계 덕분에 인간은 땅속에 숨겨진 석유를 끄집어낼 수 있게 되었어요. 하지만 사람들은 이제 여기에 만족할 수가 없었어요. 하루에 1미터를 뚫어 얻는 석유로는 턱없이 부족했으니까요. 게다가 암반이라도 만나게 되는 날이면 정말 최악이었어요. 똑똑, 망치처럼 땅을 두들기면서 파 들어가는 당시의 굴착 기술로는 단단한 암반을 뚫을 수가 없었지요.

　텍사스 주 스핀들톱 유전을 개발 중이던 파틸로 히긴스도 똑같은 고민에 빠져 있었어요. 엄청난 돈을 들여 땅에 무려 세 개의 구멍(시추공)을 뚫었다가 지하 100미터 지점에서 두꺼운 암반을 만난 거예요. 이러지도 저러지도 못하던 그는 생각 끝에 신문에 광고를 냈어요.

그때 나타난 인물이 앤서니 루카스였어요. 광산 학교 출신으로 세상의 그 누구보다 뚫는 것에 자신이 있던 앤서니 루카스는 '로터리 굴착기'를 만들었어요. 로터리 굴착기란 기존의 굴착기 끝에 드릴을 달아 회전시키면서 땅을 파 들어가는 기계예요. 난공불락 같던 암반층도 석유 굴착 역사에서 최고의 발명품으로 꼽히는 로터리 굴착기로 돌파되어 버렸답니다.

하지만 석유는 좀처럼 발견되지 않았어요. 파틸로 히긴스를 비롯한 스핀들톱 유전의 사람들은 서서히 지쳐 갔지요. 그렇게 거의 포기하려고 할 때였어요.

1901년 1월 10일 오전 10시 30분, 거대한 폭발음 소리와 함께 스핀들톱 유전의

130미터 깊이에 박혀 있던 시추용 파이프들이 우당탕거리면서 죄다 지상으로 튀어 올랐어요. 그리고 얼마 후 수백 미터 높이까지 원유가 힘차게 솟구쳤어요. 여름날의 분수처럼 말이에요. 그 엄청난 광경은 유전에서 무려 6킬로미터 떨어진 버몬트 시에서도 볼 수 있었다고 해요. 원유의 분출은 자그마치 9일간이나 계속되었어요. 성난 분출이 멈추자 거대한 석유 호수가 생겨났지요. 세계 최대의 유전이 탄생하는 순간이었어요. 그전까지 세계 최고의 유전은 러시아의 바쿠 유전으로 1일 생산량이 약 4,000배럴이었어요. 하지만 스핀들톱 유전에서는 시간당 5,000배럴의 원유가 생산되었어요. 1일 생산량이 아니라 시간당 생산량으로 말이에요. 하루가 24시간인 건 잘 알지요?

스핀들톱 유전의 개발은 석유 역사에서 아주 중요한 의미를 가지고 있어요. 굴착 기술의 발달로 드디어 석유의 대량 생산이 가능해진 거예요. 또 무려 600년 넘게 인류의 에너지원 1위를 지켜 왔던 석탄을 밀어내고 새로운 시대가 시작되었다는 것을 알리는 신호탄이기도 했지요.

## 마침내 발견된 지구의 주유소

오스트레일리아 사람인 윌리엄 다시는 광산 회사를 가지고 있는 엄청난 부자였어요. 백만장자인 그는 돈 외에 역사에도 관심이 많았지요. 그가 관심을 가진 것은 페르시아 사람들이 믿고 있던 불의 종교인 조로아스터교였어요. 그는 조로아스터교 사람들이 바위에서 흘러나오는 액체에 불을 붙이는 종교 의식을 보면서 중동에 석유가 있다는 것을 확신했어요.

> 불이 붙는 그 액체는 석유일 거야. 그렇다면 중동에 석유가 있다는 이야기인데…….

윌리엄 다시는 즉시 페르시아(지금의 이란)로 달려가 왕을 만났어요.

"석유를 탐사하고 싶으니 저에게 땅을 좀 빌려 주십시오."

"공짜로 빌려 줄 수는 없어."

"4만 8,000파운드를 드리겠습니다. 또 만일 석유가 나오면 이익의 16퍼센트를 드리겠습니다."

"그거 괜찮네."

1901년, 페르시아의 왕은 윌리엄 다시가 유전을 발굴할 수 있도록 슈슈타르 지역을 60년간 빌려 주었어요. 텍사스주의 두 배 크기에 달하는 엄청난 넓이의 땅을 말이에요. 여기에는 나름의 이유가 있었어요. 무엇보다 이 지역은 농작물을 심을 수도 없는, 황무지나 다름없는 사막지대였어요. 게다가 돈까지 받고 빌려 준다면 페르시아 왕으로서도 크게 아까울 것이 없었지요. 그렇게 윌리엄 다시는 엄청난 돈을 들여 유전 개발에 들어갔어요. 하지만 아무리 땅을 파도 석유는 좀처럼 발견되지 않았어요.

　오랜 시간이 흘렀어요. 백만장자였던 윌리엄 다시도 어쩔 수가 없었어요. 석유 개발 때문에 가진 돈을 다 써 버리는 바람에 1908년 4월에는 파산 위기에까지 몰렸어요. 미친 짓 그만하고 빨리 철수하라고 비아냥거리는 사람도 있었지요. 그런데 한 달 뒤인 1908년 5월에, 그러니까 첫 개발을 시작하고 무려 7년 만에 기적처럼 석유가 발견되었어요. 이 날은 중동 땅에서 최초로 석유가 생산된 역사적인 날이었어요. 만일 석유 발견이 몇 달 더 늦어졌더라도 그는 석유를 볼 수 없었을 거예요. 그는 이미 가진 돈을 다 써 버린 상태였거든요. 하지만 그는 이때 발견된 석유를 팔아 예전보다 더 큰 부자가 되었어요.

　그가 중동에서 유전을 발견했다는 소식은 즉각 전 세계에 알려졌

어요. 특히 석유 확보에 관심이 많았던 영국은 페르시아의 석유 개발권을 윌리엄 다시를 통해 계약하게 되지요. 영국은 노새 6,000마리를 동원해 사막을 가로지르는 222킬로미터의 거대한 송유관을 만들기도 했어요. 영국으로 안전하게 원유를 실어 나르기 위해서였죠.

이렇게 원유가 확보되자 영국은 앵글로-페르시안 석유 회사(APCO)라는 제법 긴 이름의 석유 회사를 설립했어요. 이 회사는 훗날 세계의 거대한 석유 회사의 하나인 그 유명한 BP(British Petrolium)가 되지요. 어쨌든 영국은 페르시아의 석유를 팔아 엄청난 돈을 벌 수 있었어요.

반면 페르시아 사람들은 심기가 몹시 불편했어요.

"영국, 왜 너희들은 약속을 지키지 않는 거야?"

"약속이라니?"

"석유를 팔아 번 이익의 16퍼센트를 돌려주기로 했잖아."

"흠! 우리가 그런 약속을 했었나?"

영국은 이익의 16퍼센트를 돌려준다는 약속을 잘 지키지 않았어요. 영국이 이토록 거만할 수 있었던 것은 당시 페르시아가 영국과 러시아의 반식민지 상태였기 때문이지요. 영국은 페르시아를 위협하면서 유럽의 다른 나라들보다 훨씬 더 빠르게 석유 확보에 힘을 기울였어요. 그 이야기는 뒤에 나오는 '1차 세계 대전' 편에서 다시 이어질 거예요. 어쨌든 **중동 지역**은 이후 100년간 전 세계에 석유를 공급하는 **지구의 주유소**가 되었답니다.

## 자동차의 등장

석탄의 힘으로 유럽 국가들이 산업 혁명을 거쳐 강대국이 되었듯이 **미국은 석유를 시추해서 신흥 강국으로 성장하게 되었어요.** 에드윈 드레이크의 석유 시추 성공으로 미국은 세계 최고의 시추 기술과 정제 기술을 갖춘 나라가 되었지요. 그런데 정제 기술이 뭘까요?

갓 뽑아 올린 석유를 원유라고 해요. 그런데 원유에는 인체와 환경에 해로운 황 같은 유해 물질을 비롯하여 여러 가지 불순물들이 잔뜩 들어 있어요. 이것을 제거하지 않고서는 사용할 수가 없지요. 마치 젖소의 젖에서 바로 짜낸 우유를 마시면 배탈이 나는 것처럼 말이에요. 정제 기술이란 원유에 포함된 불순물들을 제거하는 것뿐만 아니라 원유를 가열하고 몇 가지 촉매를 넣은 후 서로 다른 성격의 석유를 분리하는 것을 말해요. 석유의 정제에 대한 자세한 이야기는 뒷부분에서 다시 설명할게요.

한편 석유를 뽑아 올리는 데에는 성공했지만 미국 사람들은 한동안 석유를 램프의 불을 밝히는 목적으로 사용했어요. 석탄보다 그을음이 없고 훨씬 오래 불을 밝힐 수 있었기 때문에 램프용 연료로 큰 인기를 얻었던 거예요.

그러나 1879년에 에디슨이 전등을 발명하면서 미국 사람들은 더이상 램프에 석유를 넣지 않게 되었어요. 전등은 석유등에 비해 화재의 위험이 적고 연료를 교체할 필요도 없었지요. 이제 사람들은 너도

나도 전등을 사용했어요. 모처럼 인류 앞에 등장한 석유가 전등 때문에 다시 뒤로 밀려날 처지가 된 것이지요. 하지만 석유는 새로운 구세주를 만나게 돼요. 바로 자동차의 등장이에요.

18세기에 영국이 발명한 석탄 증기 기관이 산업 혁명을 낳았다면, 20세기 미국의 자동차 산업은 기술 혁명을 가능하게 만들었어요. 그 중심에 석유가 있었지요. 증기 기관은 석탄을 태워 물을 끓여서 발생하는 수증기, 즉 증기의 힘으로 움직이는 원리예요. 서부 영화에 자주 등장하는 시커먼 증기 기관차도 석탄을 태워서 달리는 기차이지요. 기차의 엔진 바깥쪽에 있다고 해서 바깥을 뜻하는 '외', 태운다는 뜻의 '연'을 합해 외연 기관이라고 부르기도 해요.

반면에 자동차는 증기 기관(외연 기관)이 아니라 엔진 내부에서 연료를 태우기 때문에 내연 기관으로 달리지요. 따라서 석탄은 자동차 같은 내연 기관에는 적합한 연료가 아니었어요.

증기 기관차는 일단 멈추게 되면 다시 출발하는 데 많은 시간이 걸

증기 기관차

려요. 석탄을 태운 열로 보글보글 물을 끓여 뽀글뽀글 수증기가 발생할 때까지 기다려야 하기 때문이지요. 하지만 자동차의 내연 기관은 연료와 공기에 불꽃만 튀겨 주면 즉시 움직일 수가 있어요. 이것을 가능하게 한 것이 바로 석유예요. 그때부터 사람들은 자동차에 들어가는 석유를 가솔린(휘발유)이라고 부르기 시작했어요.

1903년에는 헨리 포드가 포드 자동차 회사를 설립하고, 라이트 형제가 휘발유 엔진에 프로펠러를 장치한 글라이더를 발명해 비행에 성공하게 되지요. 그야말로 휘발유 시대가 성큼 다가온 거예요. 처음에는 등유 외에는 가치 없고 귀찮은 부산물로 간주되었던 휘발유가 불과 수년 사이에 원유에서 가장 많이 쓰이는 석유 제품이 된 거예요. 이에 따라 자동차, 항공기, 선박 같은 거대 산업이 탄생하게 되지요.

자동차가 대량으로 늘어나자 사람들은 저마다 석유를 찾기 시작했어요. 1909년에는 12만 대에 불과했던 미국의 자동차가 1940년에는 무려 480만 대로 늘어났어요. 480만 대면 미국인 네 명당 한 대꼴로 자동차를 보유한 셈이에요. 같은 시기에 프랑스 사람들의 평균 자동차 보유 숫자가 18명당 한 대꼴이었으니, 비교해 보면 그 수가 얼마나 많은지 금방 알 수 있을 거예요. 이미 미국은 1911년에 자동차용 휘발유 수요가 램프용 수요를 추월하게 되었답니다.

**세계 최초의 가솔린 자동차**

이것은 1886년 독일의 칼 벤츠가 만든 것으로,
세계 최초의 가솔린 자동차로 특허를 받았다.
가솔린을 원료로 사용하여, 자동차가 널리 보급되는 데
기여했다. 시속 15킬로미터로 달렸다.

# 우리나라의 석유 역사

중국 송(宋)나라 때의 『작몽록(作夢綠)』이라는 책에는 이런 말이 나와요.

고려의 동방 수천 리에서 맹화유(猛火油)가 나니 뜨거운 볕에 돌이 달아서 나는 액(液)이라 물에 들어가면 불길이 뻗치고 고기들이 다 죽느니라.

명(明)나라 때의 유명한 의학 서적인 『본초강목(本草綱目)』에도 우리나라의 석유에 대한 이야기가 나와요.

석유는 고려에서 나니 석암(石巖)에서 솟아 샘물과 섞여 흐르며 빛이 검고 유황 기운이 있는데, 그곳 사람이 떠다가 등을 켜니 대단히 밝으며 그 그을음으로 먹을 만드니 연기가 송연(松煙)보다 낫더라.

두 책 모두 우리 조상들이 석유를 사용한 시기를 고려라고 말하고 있네요. 하지만 중국의 역사책이 아닌 우리의 『삼국사기(三國史記)』를 읽어 보면 고려보다 앞선 신라 시대에 석유로 추정되는 내용이 나온답니다.

신라 진평왕 31년(609년) 정월에는 경주의 모지악(毛只岳)이란 곳에서 땅이 불에 탔는데 너비 4보(保), 길이 8보, 깊이 5자였으며, 그해 10월 15일에서야 그쳤다. 그리고 태종 4년(657년) 7월에 경주 토함산에서 땅에 불이 붙어 3년 만에 꺼졌다.

땅이 불에 탔다? 그것도 3년 동안이나 꺼지지 않고? 그러고 보니 어디에서 한 번 본 내용이군요. 앞에서 고대 페르시아 사람들이 사막에서 불기둥을 발견하고 깜짝 놀랐던 것과 좀 비슷하지 않나요? 어쩌면 석유일지도 모르겠네요. 하지만 땅이 불에 탔다고 해서 신라 사람들이 석유를 사용했다고 볼 수는 없을 것 같아요. 아무튼 옛날에는 석유일지도 모르는 물질 때문에 화재가 여러 번 났었어요. 고려에 이어 조선 시대에도 말이에요. 다음은 고려 시대에 일어난 화재 사건이에요.

인종 8년(1130년)에 토산 서남쪽에서 불이 땅속에서 나와서 나무와 풀을 동서로 2,320자, 남북으로 3,360자를 6월 20일부터 9월 15일까지 밤낮없이 태워 밤에도 환했다.

여기에 나오는 '자'란 옛날에 우리 조상들이 길이를 쟀던 단위예요. 1자는 약 30센티미터이지요. 그러니까 동서로 약 700미터, 남북으로 약 1킬로미터가 불에 탔다는 이야기예요. 좀 더 간단히 말하자면 축구장 14개 크기의 땅이 약 3개월 동안 불에 탔다는 거죠.

오랫동안 우리 조상들이 밤에 불을 밝힐 때 사용했던 것은 송진이나 아주까리기름 같은 식물성 연료였어요. 그러다 **본격적으로 우리 조상들이 석유를 사용하기 시작한 것은 고종 17년인 1880년이었어요.** 이 시기는 우리나라가 서양 문물을 받아들이던 개화 초기로, 사절단을 미국이나 일본에 보내 새로운 문물을 접하고 받아들이게 됐지요. 이때 승려 이동인이 일본에서 석유와 석유램프, 성냥을 들고 귀국했어요. 우리 땅에 석유가 들어온 것이죠. 석유를 처음 본 우리나라 사람들은 이것을 '서양 기름'이라고 했어요. 황현이라는 사람이 쓴 『매천야록(梅泉野錄)』이라는 책에는 석유를 이렇게 소개하고 있어요.

석유는 영국이나 미국 같은 서양에서 나온 것이라고 한다. 어떤 사람은 바닷속에서 난다고도 하고, 혹은 석탄에서 만든다고도 하고, 혹은 돌을 삶아서 그 물을 받은 것이라고 하여 그 설이 다르다. 처음에는 그 색깔이 불그스레하고 냄새가 심했으나, 한 홉(약 180밀리리터)이면 열흘을 밝힐 수 있었다.

아무튼 석유가 들어오자 등잔을 밝히는 기름은 빠르게 석유로 대체되었어요. 아주까리기름에 비해 가격도 저렴할 뿐 아니라 같은 양으로 두 배 이상 오래 탔기 때문이죠. 하지만 초기에는 중국이나 일본 상인들이 소량으로 들여왔기 때문에 양이 충분하지가 않았어요. 그래서 밤에 석유로 등잔을 켜는 것은 부잣집에서나 가능했지요.

우리나라에 석유가 대량으로 수입되기 시작한 것은 한미 수교 2년 뒤인 1884년부터였어요. 조선과 미국 사이에 무역이 이루어지면서 미국뿐만 아니라 러시아에서도 많은 석유가 들어왔지요. 최초로 외국의 석유 회사가 국내에 들어온 것도 이때였어요.

1897년에 미국의 석유 회사인

### 석유 등잔 때문에 망해 버린 아주까리 농사

석유가 등유로 쓰이면서 무엇보다 아주까리와 들깨 농사가 타격을 입었다. 너도나도 아주까리기름이나 들기름보다 두 배나 더 오래 쓸 수 있고 값이 싼 석유를 찾았기 때문이다. 이렇게 석유의 사용이 서민층으로 확대되면서 1890~1900년대 석유는 광목류와 함께 양대 수입 품목으로 자리 잡게 된다.

스탠더드 오일이 처음으로 우리나라에 석유를 판매했어요. 상표 이름이 '솔표'였지요. 스탠더드 오일에 뒤이어 또 다른 석유 회사인 미국의 텍사코와 영국의 셸(Shell)도 들어왔어요. 특히 스탠더드 오일의 솔표 석유와 셸의 조개표 석유는 치열한 경쟁을 벌였어요.

일본도 이에 뒤질세라 조선에 석유를 수출했지만 미국 석유에 비해 양도 적었고 품질도 형편없어서 큰 인기는 없었어요. 그래서 일본 상인들은 질이 낮은 일본 석유에 미국 석유를 몰래 섞어서 판매하기도 했대요.

**1890년대부터는 부자나 양반뿐만 아니라 서민들까지 석유를 사용하기 시작했어요.** 석유는 이제 외국으로부터 수입하는 중요한 수입품이 된 거지요. 1897년, 서울의 거리에 석유등이 켜졌다는 기록이 책(알렌 지음, *Korea Fact & Fancy*)으로 남아 있어요. 사람들은 이것을 국내 최초의 석유 가로등이라고 해요.

### 초기의 석유 회사
조선 최초의 석유 저장 탱크가 인천 월미도에 등장하자, '남산만 한 서양 기름통'과 '서양 기름선'을 구경하려고 인파가 몰려들기도 했다.

자동차 연료인 휘발유가 등장한 것은 1908년경이었어요. 외국인들이 가지고 들어온 자동차가 한두 대씩 늘어나자 스탠더드 오일이 휘발유를 들여와 판매를 했답니다.

## 우리나라 가로등의 발전

아주까리기름이나 들기름 등 천연 식물 기름으로 불을 밝히던 시절에 길거리를 밝히는 석유 가로등이라니! 사람들이 얼마나 신기해 했을지 짐작이 가니? 여기서 잠깐 우리나라 가로등의 역사를 살펴보자.

- 1897년 서울에 최초의 석유 가로등 등장
- 1900년 서울 종로에 가로등 세 개 설치
- 1963년 백열등이 수은등으로 바뀜.
- 1966년 약 5,000여 개로 늘어남.(이후 점차적으로 그 수가 늘어났으며 밝기도 30룩스 이상이 되도록 보완해 가고 있음.)
- 2007년 첨단 지능형 가로등(경관 조명 연출에서부터 안내 방송, CCTV 등의 기능 수행)을 개발하여 청계 광장 네 곳에 설치

석유 가로등

Chapter 3
# 석유는 우리 생활에 어떤 영향을 미칠까?

석유와 우리 경제
그 은밀한 관계가 불안하다.

# 석유와 물가

원유와 석유 제품에 부과되는 관세율이 일제히 오르면서 작년 연말부터 오르기 시작한 기름값이 올 초 들어 가파른 상승세를 타고 있다. 정부는 3월 1일에 수입하는 물량부터 현재 2%인 원유, 휘발유, 등유, 경유, 중유에 대한 관세율을 3%로, 현행 0%인 액화 석유 가스(LPG)에 대해서는 1%로 각각 1% 포인트 인상한다고 발표했다. 이에 따라 휘발유와 등유, 경유는 리터당 5원가량, LPG는 리터당 3원가량 제품 가격이 오르게 된다.

특히 난방용 등유는 모두 40원 안팎이 오를 것으로 보여 서민들의 주거비 부담이 가중될 전망이다.

― 2009년 2월 『미래신문』

"기름값이 또 오른다네!"
"차를 없앨 수도 없고, 정말 큰일이군."

작년(2008년 기준)부터 오르기 시작한 석유 가격이 또 오른다는 신문 기사네요. 작년의 석유 가격은 국제 유가가 폭등하면서 1리터에 1,600원대까지 올랐었어요. 그러다가 연말에 잠시 주춤하는 듯하더니 다시 올해 초부터 오르기 시작해 1,500원대에서 좀처럼 꺾이지 않고 있답니다.

실제로 작년 OECD(경제협력개발기구)의 「회원국 연간 물가 상승률」 보고서에 따르면, 우리나라의 최근(2008년 6월 기준) 1년간 물가 상승률은 30개 OECD 회원국 중 6위를 차지할 정도로 가파르게 올랐다고 해요. OECD 회원국 중에서도 선진국 클럽인 G7 국가(미국, 영국, 일본, 독일, 프랑스, 캐나다, 이탈리아)의 같은 기간 물가 상승률은 평균 4.1퍼센트를 기록한 대비해 우리나라는 전년 대비 소비자 물가 상승률이 5.5퍼센트를 기록했는데, 이는 10년 만에 최고치라는군요. 특히 원유, 가스, 철광석 등 수입 원자재 가격이 전년 대비 92.5퍼센트나 상승했다니, 우리 경제가 많이 어렵겠지요? 나라 경제가 어려우니 가정 경제는 말할 것도 없겠고요.

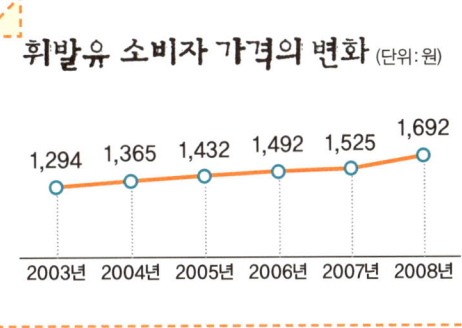

휘발유 소비자 가격의 변화 (단위: 원)

그런데 석유 가격이 오르면 왜 물가가 덩달아 오르는 걸까요? 석유 가격은 누가 결정하는 걸까요? 하나씩 의문을 풀어 가 봐요.

## 석유 가격이 오르면 왜 물가가 오르는 걸까?

석유는 '산업의 검은 피'라고 불릴 만큼 안 쓰이는 곳이 없어요. 처음 석유가 등장했을 때에는 주로 어둠을 밝히는 용도로 사용했어요. 그러다가 차츰 난방 및 취사용으로 사용이 확대되었지요. 이후 석유는 자동차나 비행기 등 내연 기관을 위한 수송용 연료로서, 석유 화학 공업의 원료로서 역할이 비약적으로 확대되었어요.

잠깐 주변을 한번 살펴볼까요? 우리 주변에는 석유로 만들어지거나 작동되는 물건들이 수두룩하답니다. 여러분이 잘 알고 있는 것처럼 우선 버스나 자동차 같은 탈것을 움직이게 하거나 집을 따뜻하게 데우고 음식을 익히는 난방·취사용 연료로 가장 많이 쓰이지요. 뿐만 아니라 우리가 매일 사용하는 컴퓨터나 즐겨 보는 텔레비전을 비롯한 각종 가전제품, 가구, 자동차, 옷, 장난감, 스포츠 용품, 각종 주방 용품, 사무 용품, 합성 세제, 합성 고무 그리고 화장품, 의약품에 이르기까지 그야말로 석유가 쓰이지 않는 곳이 없어요. 석유가 우리의 의식주를 책임지고 있다고 해도 과언이 아닐 정도지요.

석유를 원료로 한 합성 섬유만 해도 여러분이 즐겨 입는 청바지를 비롯한 옷들에 많게든 적게든 포함되어 있어요. 여학생들과 엄마들이 즐겨 신는 스타킹의 재료인 나일론을 비롯하여 양모 대용으로 쓰이는 아크릴, 옷감 재료로 많이 쓰이는 폴리에스테르 등이 대표적인 합성 섬유이지요. 만약 이런 합성 섬유들이 없었다면 지금 우리는 예전 사람들처럼 목화에서 실을 뽑아내서 만든 광목으로 된 옷을 입어야 했을 거예요. 아니면 누에고치에서 만들어 낸 비단옷 또는 동물들의 털로 만든 옷을 입어야 했겠지요. 그랬다면 지금쯤 지구 상에는 남아 있는 동식물이 아마 거의 없을 거예요. 인간의 의복이나 음식으로 사용되어 멸종했을 테니까요.

석유를 이용해 만드는 플라스틱 제품은 또 어떻고요. 그릇, 컵, 가구, 단추, 장난감 등등 플라스틱은 공업 용품에서부터 생활용품에 이르기까지 쓰이지 않는 곳이 없어요.

또한 얼굴을 매끄럽게 하고 예쁘게 만들어 주는 화장품, 몸이 아플 때 먹는 약들도 석유 화학이 발전하면서 만들어진 거예요. 만일 의약품이 발전하지 않았다면 인간의 수명은 지금처럼 길어질 수가 없었겠죠. 다쳤거나 병에 걸렸을 때 약이 없다고 생각해 보세요. 정말 끔찍하고 무섭죠?

이처럼 석유는 **우리 생활과 아주 밀접**하게 연결되어 있어요. 석유 없는 생활은 거의 생각할 수도 없을 정도예요. 그래서 우리나라처럼 대부분의 원유를 수입해서 쓰는 나라일 경우 석유 가격이 올라가거나 내려가면 바로 영향을 받게 되지요. 게다가 우리나라는 전적으로 수출에 의존하는 경제 구조를 가지고 있어요.

그런데 수출을 주로 하는 대부분의 기업들은 원자재(원유, 철강, 각종 원재료)와 부품을 해외에서 수입한 뒤 국내에서 조립·가공하는 과정을 거쳐 수출하는 산업 구조를 가지고 있어요. 그러니까 우리는 매년 자동차와 반도체를 팔아 벌어들이는 돈만큼 석유를 사 와야 경제가 유

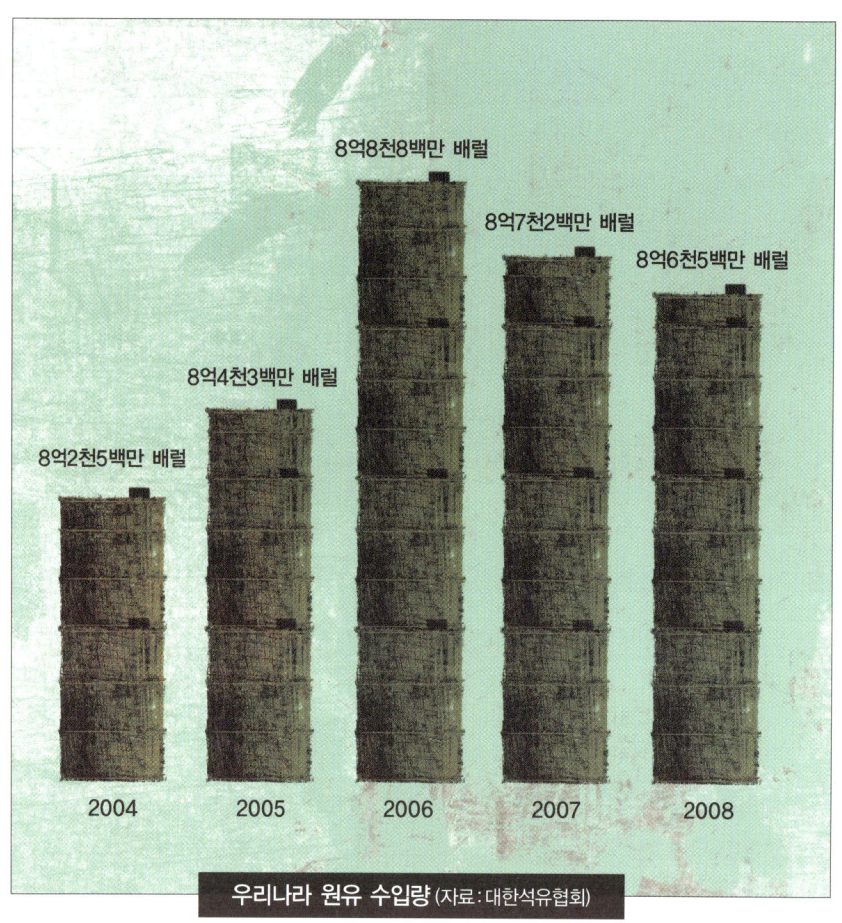

우리나라 원유 수입량 (자료: 대한석유협회)

지된다는 말이에요. 따라서 석유 가격이 오르거나 국제 원자재값이 오를 경우 외국에 지불해야 하는 돈이 많아질 수밖에 없어요. 석유 가격이 1달러 오르면 우리나라는 1년 동안 약 8억6천5백만 달러(2008년에 수입된 총 원유량이 약 8억6천5백만 배럴이니까 1달러 환율을 1,000~1,300원으로 보면 약 9천억 원~약 1조2천억 원 대를 왔다갔다 함을 알 수 있다.)를 원유 수출국에 더 지불해야 해요. 당연히 나라 살림뿐 아니라 가정 살림도 크게 어려워지겠지요.

우리나라의 주요 원유 수입국은 2008년을 기준으로 사우디아라비아, 아랍에미리트, 쿠웨이트 등 중동 지역이 전체 수입 물량의 80퍼센트 이상을 차지하고 있어요. 그 이유는 이 국가들에서 생산되는 원유에는 유황이 많이 섞여 있어서 품질이 낮아 비교적 값이 싸기 때문이지요.

### 두바이유가 뭐지?

뉴스나 신문을 보면 석유에 대해 이야기할 때 '두바이유'가 어떻고, '브렌트유'가 어떻고, '서부 텍사스유'가 어떻고 하는 말을 종종 들을 수 있다. 이는 원유가 생산되는 지역의 이름을 따서 붙인 것으로, 이 기름들이 국제 원유값을 결정하는 기준이 되기 때문에 자주 등장한다.

'브렌트유'는 영국령 북해에서, '서부 텍사스유'는 미국에서, '두바이유'는 중동에서 생산되는 원유이다. 특히 '두바이유'는 중동의 기름값을 결정하는 기준으로 우리나라 원유 수입량의 80퍼센트는 이 두바이유가 차지한다.

## 석유 가격은 어떻게 결정될까?

다른 물건과 마찬가지로 석유의 가격도 원론적으로는 수요(재화를 구매하려는 욕구, 욕망)와 공급(재화나 용역을 제공하려는 경제 활동)의 법칙에 따라 결정돼요. 생산(공급)이 많고 쓰는 양(수요)이 줄어들면 가격이 내려가고, 그 반대이면 오르겠지요. 석유도 이와 같은 원리로 가격이 결정돼요.

하지만 석유는 다른 물건과 달리 우리 생활과 산업에 없어서는 안 될 매우 중요한 에너지원인데다 그 생산이 제한적이에요. 그러다 보니 수요와 공급이라는 시장의 기능에 따라 가격이 결정되기보다 **산유국들의 이익**과 **국제 관계의 변화** 등에 따라 결정되는 경우가 많아요.

또한 겨울에 갑자기 예기치 못한 한파가 몰아쳐 온다거나 하는 지구 환경의 변화도 중요한 변수라고 할 수 있어요. 그리고 신흥 공업 개발국으로 무서운 성장률을 보이고 있는 **중국**이나 **인도** 같은 개발도상국들의 경제 성장률도 석유 가격의 상승을 부추겨요. 공장을 많이 돌린다는 것은 그만큼 석유를 많이 필요로 한다는 이야기이니까요. 또 '이라크 전쟁'처럼 국가 간 전쟁이 일어나는 경우, 원유 생산이 중단되거나 생산량이 줄게 되어 석유 가격이 가파르게 상승하는 요인이 되지요.

이쯤에서 잠깐 세계에서 석유를 많이 수입하는 나라들을 살펴볼까요? 미국, 중국, 일본, 독일, 한국, 네덜란드, 이탈리아, 프랑스, 스웨덴 등이에요. 이 나라들은 모두 공통점이 있어요. 그건 바로 공업화를 이룬 산업 국가들이라는 거죠. 공업이 발달한 나라들은 아무래도 석유를 많이 쓸 수밖에 없으니까요.

가까운 중국을 예로 들어 볼까요? 중국은 공산화가 이루어진 1945년부터 오랫동안 유럽을 비롯한 자본주의 국가와는 친하게 지내지 않았어요. 문을 꼭꼭 걸어 잠그고는 무역도 잘 하지 않았지요. 그래서 사람들은 중국을 '잠자는 곰'이라고 불렀어요.

그런데 그 곰이 1990년대부터 깨어나기 시작했어요. 우리나라와도 1992년에 외교 수교를 맺었고요. 이렇게 미국과 한국 등 다른 나라의 경제 흐름을 받아들이면서 중국 경제는 빨리 성장했답니다. 공장을 짓고, 도로를 만들고, 자동차를 운전하는 중국 사람들도 늘어났지요.

중국이 공업화되자 가장 필요한 것이 석유였어요. 하지만 석유를 수입할 필요는 없었어요. 옛날에 고구려 땅이었던 만주에 다칭이라는 큰 유전이 있었거든요. 하지만 산업이 점점 발전하자 다칭 유전의 석유만으로는 부족했어요. 중국도 어쩔 수 없이 석유를 수입해야만 했지요. 그래서 지금은 미국 다음가는 세계 두 번째의 석유 수입국이 되었답니다.

같은 이유로 세계는 현재 인도를 주목하고 있어요. 중국 다음

### 인도 자동차 산업의 성장

2003년 아시아 각국별 자동차 생산 대수를 비교해 본 결과, 인도가 4위를 차지했다. 참고로 1위는 일본(1,029만 대), 2위는 중국(444만 대), 3위는 한국(318만 대), 4위는 인도(116만 대), 5위는 태국(76만 대)이었다.

으로 인구가 많은 인도는 최근 공업화가 빨리 이루어지면서 석유 사용이 크게 늘어났어요. 몇 년 후에는 한국보다 더 많은 석유를 수입하는 나라가 될지도 모를 만큼요. 만일 우리나라가 오스트레일리아나 뉴질랜드, 덴마크처럼 곳곳에 목장이 많아 소와 양을 키우고 우유와 치즈 등을 수출하는 낙농 국가였다면 어땠을까요? 틀림없이 지금과는 비교도 할 수 없을 만큼 적은 양의 석유를 수입해도 충분했을 거예요.

> **우리나라와 석유**
>
> 우리나라는 석유 소비 세계 7위, 석유 수입 세계 4위, 정제 능력은 세계 5위로 에너지 대국의 위상을 갖추고 있다. 그런데 석유 의존도가 44.3%(2005년 기준)로 매우 높은 편이라, 에너지 대국으로서의 위상을 지키고 지속적인 산업 발전을 위해서라도 석유를 안정적으로 공급하는 게 무엇보다 중요하다.

한편 석유의 가격이 크게 오르면 산유국들은 돈을 벌겠지요. 그래서 석유 가격이 크게 내려가면 사우디아라비아 같은 산유국들은 모여서 회의를 해요(OPEC 회의라고 하지요). OPEC* 국가의 가장 큰 수입원은 석유예요. 석유 가격이 올라갈수록 우리는 힘들지만, 이들 OPEC 국가들은 신이 나죠. 더 비싸게 팔 수 있으니까요. 그래서 종종 OPEC 국가들은 자기들끼리 모여서 쑥덕쑥덕 비밀 회의를 해요. 석유 가격이 다시 올라가도록 말이에요. 그렇게 되면 우리나라처럼 석유를 수입해서 쓰는 나라는 경제적으로 큰 타격을 입을 수밖에 없어요.

석유 가격을 결정하는 중요한 또 하나의 요인은 세계 경기예요. 사람들은 경기가 좋다거나 불황이라는 말을 하곤 해요. 경기가 좋다는 말은 물건이 잘 팔린다, 돈이 많이 벌린다는 뜻이예요. 경기는 늘 좋을 수만도 없고, 늘 나쁘지도 않아요. 라디오 주파수처럼 올라갔다 내려갔다를 반복하지요. 세계의 경기가 좋아지면 나라마다 물건을 열심히 만들어서 팔아요. 사람들의 주머니에 돈이 많아질 테니까요. 그런데 그 물건을 만들기 위해서는 석유가 꼭 필요해요. 즉 너도나도 석유를 많이 수입하면서 석유 가격은 올라가는 거예요.

하지만 경기가 나빠지면 사람들은 돈을 아끼기 위해 구두쇠가 되어 버려요. 사람들이 돈을 주고 사지 않으니 물건을 많이 만들 필요가

없어지지요. 그만큼 석유도 적게 사용하게 되죠.

작년(2008년)의 석유 가격과 세계 경기를 한번 살펴볼까요? 작년 봄부터 석유 가격은 무서운 속도로 오르기 시작했어요. 모두들 이러다가 제3차 오일 쇼크가 오는 것이 아니냐며 불안해했지요. 그런데 7월 이후 석유 가격이 거짓말처럼 뚝 떨어졌어요. 그런데 그때 세계 경기를 얼어붙게 만든 금융 위기가 발생했지요. 30, 40년 전에는 석유 가격의 움직임에 전 세계의 경제가 벌벌 떨었어요. 두 차례의 오일 쇼크를 보면 잘 알 수가 있지요. 그런데 지금은 세계 경기가 오히려 석유 가격에 영향을 주기 시작했어요. 이제 석유와 세계 경기는 이와 잇몸처럼 서로 뗄 수 없는 사이가 되어 버린 거예요.

### 석유수출국기구 OPEC
(Organization of Petroleum Exporting Countries)

국제 석유 자본에 대한 영향력을 강화하기 위해 이라크, 이란, 사우디아라비아, 쿠웨이트, 베네수엘라의 5대 석유 생산 수출국 대표가 모여 1960년에 결성한 협의체이다.(지금은 석유를 생산하는 나라 대부분이 가입되어 있다.)
처음 만들어졌을 때에는 원유 공시 가격(정부나 공공기관에서 공개적으로 알리는 값)이 떨어지는 것을 막고, 산유국 간의 정책 협조와 정보 수집, 정보 교환을 목적으로 했다. 그러나 1973년 제1차 석유 파동을 주도하여 석유 가격 상승에 성공한 뒤부터는 원유 가격을 계속 올리기 위해 생산량을 조절하는 기구로 변질되었다. 석유가 강력한 무기가 된 것이다.

# 오일 쇼크 (석유 파동)

　우리가 사용하는 거의 모든 물건은 석유로 만들어져 있어요. 그러다 보니 석유 가격이 올라가면 물건의 가격도 올라갈 수밖에 없겠지요. 밀가루 가격이 올라가면 빵값이 올라가고, 펄프(종이의 원료) 가격이 올라가면 휴지값이 올라가듯 말예요. 석유 가격의 오르내림에 따라 우리 국민들의 가슴은 두근두근 뛸 수밖에 없어요. 실제로 우리는 두 번이나 석유 가격 때문에 큰 고생을 했거든요.

　1973년, 중동에 큰 전쟁이 일어났어요. 이스라엘을 못마땅하게 여긴 아랍 국가들이 힘을 합해 이스라엘을 공격했지요. 중동 국가들은 이스라엘도 미워했지만 이스라엘을 돕던 미국과 네덜란드, 포르투갈 등도 함께 미워했어요. 그래서 이 국가들에게 석유를 한 방울도 팔지 않겠다고 으름장을 놓있지요. 이 때문에 1배럴에 3달러이던 국제 석유 가격이 1년도 못 되어 약 네 배 가까이 오른 11.65달러가 되었답니다. 그리고 중동 국가들은 우리나라에도 석유를 팔지 않겠다고 위협했어요. 깜짝 놀란 우리 정부는 중동 국가들에게 달려갔어요.

　"흥, 대한민국은 우리에게서 석유를 가져갈 생각은 꿈도 꾸지 마."

　"억울해요. 우리는 아무 잘못도 없는데……."

　"대한민국은 미국과 친하잖아. 우리는 미국이 밉다. 따라서 너희도 밉다."

　고래 싸움에 새우 등 터진다는 말이 딱 맞았어요. 중동에서의 전쟁 때문에 한국은 억울하지만 석유를 구할 수가 없게 된 거예요. 다행히 국내의 저유소에 비축해 둔 석유가 좀 남아 있었지만 3개월을 버티기도 힘든 양이었어요.

갑자기 석유가 귀해지자 석유에 기간산업의 대부분을 의지하고 있던 세계 각국의 경제는 흔들리기 시작했어요. 우리 경제도 예외가 아니었지요. 버스 요금을 비롯한 공공요금과 생활용품 가격이 25퍼센트 가까이 오르는 등 경제 위기를 맞게 되었어요. 이것이 바로 **제1차 오일 쇼크**(oil shock)예요.

다행히 1차 오일 쇼크는 곧 잠잠해졌어요. 다음 해인 1974년부터 중동 국가들이 다시 석유를 수출하기 시작했거든요. 절대로 석유를 팔지 않겠다고 큰소리를 쳤지만, 그 사람들도 계속 그럴 수는 없었어요. 중동은 석유 외에는 가진 것이 거의 없어서 석유를 팔지 않으면 자신들도 가난해지기 때문이죠. 석유 가격은 다시 10달러대로 떨어졌고, 비로소 우리나라도 '휴~' 하고 한숨을 쉴 수 있었어요. 하지만 그런 평화는 그리 오래가지 않았어요. 5년 후 두 번째 사건이 터지고 말았거든요. 역시 이번에도 중동에서였어요.

1979년, 잠잠하던 중동에 기어이 또 사건이 터졌어요. 이번에는 이란이 문제였어요. 이란은 왕이 다스리는 왕정 국가였어요. 중동에는 이란처럼 왕이 다스리는 국가가 많아요. 사우디아라비아, 쿠웨이트, 요르단도 왕정 국가이지요. 옛날부터 이란의 왕들은 미국과 친하게 지내려고 많은 노력을 했어요. 하지만 그것을 못마땅하게 생각하는 사람도 많았지요. 이스라엘을 미워하는 아랍 사람들은 대부분 미국도 싫어했거든요. 그들 중 유난히 미국을 미워하던 호메이니라는 사람이 결국 왕을 내쫓아 버렸어요. 그러고는 이렇게 말했어요.

"미국에는 절대로 석유를 수출하지 않겠어! 그리고 석유 생산도 줄일 거야!"

이 말은 1차 오일 쇼크에 이어 또다시 세계 사람들의 가슴을 철렁하게 만들었어요. 당시 이란은 세계 석유의 15퍼센트를 생산하는 큰 산유국이었거든요. 이란이 석유를 수출하지 않으면 세계의 석유 가격은 올라갈 수밖에 없었어요. 그런데 그것이 끝이 아니었어요. 또 한 명의 인물이 나타났지요. 그는 아프리카 산유국인 리비아의 집권자 카다피라는 사람이었어요. 카다피도 호메이니 못지않게 미국을 싫어하는 사람이었어요.

"우리 리비아도 석유 생산을 줄이겠어."

"으악!"

정말이지 설상가상이었어요. 배럴당 12달러였던 석유 가격은 순식간에 세 배 이상인 42달러까지 뛰어올랐어요.

'애걔? 난 또 뭐라고. 겨우 42달러? 지금은 100달러가 넘는데?'

혹시 여러분들 중에 이런 생각을 한 사람도 있나요? 26년 전의 42달러는 현재 물가로 계산하면 100달러와 비슷하답니다. 아, 그게 무슨 소리냐고요? 으음, 라면 이야기를 해 볼까요? 우리나라에 처음 라면이 나온 것은 1965년이었어요. 그때 라면 한 봉지 가격이 10원이었답니다. 지금 라면 한 봉지 가격이 800원 정도니까 50년 전의 10원은 지금의 800원과 비슷하겠죠? 이제 이해가 되나요? 하여튼 당시 석유 1배럴

에 42달러는 정말 충격적인 가격이었어요.

　**석유 가격이 무섭게 올라가자 세계 경제는 또 한 번 위기를 맞았어요.** 'OPEC이 기침을 하면 세계 경제는 감기 걸린다.' 라는 말이 나올 정도였으니까요. 우리나라도 예외가 아니었어요. 아무런 준비가 없었거든요. 모든 물건의 가격은 29퍼센트 올라 버렸고, 경제 성장률은 최초로 마이너스를 기록했어요. 이것이 바로 **2차 오일 쇼크** 였지요. 2차 오일 쇼크 때 저는 초등학생이었어요. 하지만 아직도 그때의 기억이 생생해요. 아침에 일어나면 아버지는 휘발유 통을 들고 주유소로 달려갔어요. 매일 아침마다 사람들은 주유소 앞에 길게 줄을 서서 석유를 사야만 했어요. 자고 일어나면 석유값이 무섭게 뛰었거든요. 학교에 가면 선생님들이 석유를 아껴 써야 한다고 매일 말씀하셨지요. 그리고 텔레비전에서는 '석유가 없는 시대' 라는 드라마를

> 원유를 100% 수입에 의존하고, 그 중에서 80%를 중동에서 들여오는 우리나라로서는 중동의 변화에 민감할 수밖에 없다.

보여 주었어요. 너무나도 무서운 이야기들이라 가슴 졸이며 보았던 기억이 나요.

그러나 2차 오일 쇼크도 곧 안정이 되었어요. 산유국들이 다시 석유 생산을 늘리면서 석유 가격도 다시 20달러로 떨어졌지요. 이렇게 두 번의 오일 쇼크를 겪으면서 비로소 사람들은 깨달았어요. 석유는 편리하고 좋은 자원이지만 준비해 놓지 않으면 큰 고초를 겪는다는 것을요.

그 후 세계 각국은 유전 개발에 뛰어들었어요. 석유가 나지 않는 우리나라는 다른 나라에 들어가 유전 개발을 시작했어요. 그리고 여유 있을 때 틈틈이 석유를 비축해 두는 것도 잊지 않았지요. 두 번의 오일 쇼크가 준 귀한 교훈이었던 거예요.

**두 차례의 오일 쇼크로 세계 각 나라들은 석유를 비롯한 에너지 자원 확보에 총력을 기울이게 된다.**

## 석유가 안 나도 석유를 수출할 수 있다!

초기에 석유는 주로 자동차의 연료로 사용되었어요. 그러다가 차츰 석유의 다양한 쓰임을 발견하기 시작했지요.

유전에서 갓 뽑아 올린 것을 원유라고 불러요. 하지만 원유는 그대로 태우면 인체와 대기에 나쁜 물질들을 잔뜩 뿜어내요. 원유 안에는 황 같은 위험한 물질들이 녹아 있기 때문이지요. 그래서 이런 찌꺼기를 제거해 주는 과정이 필요해요. 이렇게 원유에 포함된 이물질을 제거하고 높은 온도에서 끓여 서로 다른 석유를 분리하는 작업을 '정제'라고 해요.

우리나라는 중동에서 80퍼센트 정도의 석유를 수입해요. 거리가 멀기 때문에 커다란 배에 석유를 실어 오는데 이 배를 유조선이라고 부르죠. 유조선은 굉장히 큰 배예요. 30만 톤급의 유조선은 옆으로 세우면 그 높이가 우리나라에서 가장 높은 건물인 63빌딩과 비슷할 정도니까요. 이 유조선으로 중동에서 실은 석유가 우리나라로 들어오는 데 약 25일이라는 시간이 걸려요. 비행기에 싣고 오면 하루밖에 걸리지 않겠지만 비행기는 유조선만큼 많이 실을 수 없고 운송료도 비싸죠. 그래서 원유를 수송하는 데 유조선을 쓰는 거예요.

30만 톤급의 유조선에 원유를 가득 실으면 220만 배럴 정도를 담을 수 있어요. 이만큼의 석유가 실린 유조선이 항구에 도착하면 즉시 울산과 여천으로 보내져요. 울산과 여천에 정유 공장이 있기 때문이죠.

정유 공장에 가 보면 커다랗고 동그란 원통과 끝이 오목하면서 기다란 탑 같은 것이 있을 거예요. 동그란 원통은 원유를 저장하는 탱크이고, 탑처럼 생긴 건물은 증류탑이라고 불러요. 저장 탱크와 증류탑은 기다란 파이프로 연결되어 있지요. 즉, 탱크에 저장된 원유를 파이프를 통해 증류탑으로 보내면 그때부터 정제 과정이 일어나는 거예요.

과학 시간에 물질의 끓는점을 배웠죠? 끓는점이란 물 같은 액체가 기체가 되는 온도를 말해요. 우리가 잘 아는 물의 끓는점은 섭씨 100

| 우리나라 정유 시설 현황 | | | | |
|---|---|---|---|---|
| | 1994 | 2000 | 2005 | 2006 |
| SK | 610 | 810 | 840 | 840 |
| LG정유 | 380 | 600 | 650 | 687 |
| 인천 | 275 | 275 | 275 | 275 |
| 현대 | 110 | 310 | 390 | 390 |
| S-Oil | 325 | 443 | 500 | 580 |
| 총계 | 1,700 | 2,438 | 2,735 | 2,772 |

도예요. 하지만 원유 안에 들어 있는 물질들은 끓는점이 모두 달라요. 이 원리를 이용해서 원유를 여러 가지 석유로 분리할 수 있어요. 이것을 '증류 작업'이라고 부른답니다. 그러면 증류 작업을 구체적으로 살펴볼까요?

증류탑의 맨 위층(섭씨 −42~1도)에서 분리되는 물질을 LPG라고 해요. 원유를 데울 때 섭씨 35도가 되면 가스가 나와요. 이것을 액화 석유 가스(LPG)라고 하죠. 음식점에 가면 LPG라고 쓰여 있는 호스로 연결된 회색 원통을 많이 보았을 거예요. LPG는 난방과 요리, 자동차의 연료로 쓰이지요.

그다음의 아래층(섭씨 30~120도)에서 나오는 물질은 휘발유와 나프타예요. 휘발유(가솔린)는 자동차의 연료로 가장 많이 쓰여요. 뿐만 아니라 항공기나 공업용으로도 많이 쓰이지요. 그리고 나프타(납사)는 주로 석유 화학 공업 분야에서 쓰이는 물질인데 굉장히 중요해요. 우리가 입는 옷의 재료인 합성 섬유, 우리 생활 여기저기에 쓰이는 플라스틱, 플라스틱을 만들 때 꼭 필요한 합성 수지, 그리고 식물을 잘 자라게 하는 농업용 화학 비료, 물감, 의약품까지 나프타로 만들거든요. 그래서 나프타를 '마법의 액체'라고 부른답니다.

그다음 층(섭씨 150~280도)에서는 등유와 항공유가 나지요. 등유는 석유를 발견했을 때 가장 먼저 사용한 석유 제품이에요. 난로나 불을 밝히는 데 꼭 필요해요. 그리고 항공유는 비행기의 연료로 사용된답니다.

다음의 아래층(섭씨 230~350도)에서는 경유가 만들어져요. 경유는 휘발유와 마찬가지로 자동차의 중요한 연료예요. 휘발유와 다른 점이

-42 ~ 1 ℃    LPG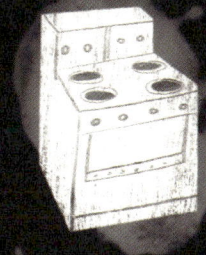

30 ~ 120 ℃    휘발유 나프타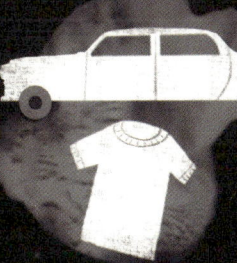

150 ~ 280 ℃    등유 항공유

230 ~ 350 ℃    경유

석유 증기

300 ℃ 이상    중유 아스팔트

있다면 휘발유는 주로 크기가 작은 자동차에 사용되고, 경유는 트럭이나 버스 등 커다란 자동차의 연료로 사용된다는 거지요.

끝으로 맨 아래층(섭씨 300도 이상)에서는 중유와 아스팔트 등이 만들어져요. 중유는 주로 대형 선박의 연료로 사용되고, 아스팔트는 도로를 만들 때 사용되는 끈적끈적한 액체예요. 고대부터 '역청'이라고 불렸던 천연 아스팔트와 성분이 같아요. 다만 천연 아스팔트는 자연에서 바로 얻는 만큼 그 양이 적었던 데에 비해, 지금의 아스팔트는 원유를 정제해서 얻은 물질이라는 거지요.

이처럼 석유는 자동차 연료에서부터 난방, 의류, 비료, 의약품에까지 우리 생활에 쓰이지 않는 곳이 거의 없을 정도예요. 이렇게 분리된 석유는 속에 남아 있는 황을 없애는 탈황 과정을 거쳐요. 석유에 황이 있으면 에너지의 효율이 나빠질 뿐만 아니라 태우면 이산화황이 만들어져서 심한 악취와 공해의 원인이 되거든요. 이 탈황 과정이 끝나면 마지막으로 석유에 몇 가지 촉매를 넣어서 우수한 석유 제품을 만들어요. 이것을 '전화 작업'이라고 부르죠.

이제 우리가 쓸 수 있는 완전한 석유 제품이 만들어졌어요. 사막의 땅에서 가져온 원유를 우리가 사용하는 석유로 만들려면 이렇게 복잡한 과정을 거쳐야 한답니다. 이렇듯 **정유 공장은 석유를 정제해서 우리가 필요한 물질을 추출해 내는 곳**으로 없어서는 안 되는 중요한 시설인 거예요.

우리나라는 미국, 일본, 독일에 이어 세계에서 네 번째로 석유를 많이 수입하는 나라예요. 석유 소비량은 세계 7위이고 석유를 포함해 석탄, 천연가스, 우라늄 등의 에너지 소비량은 세계 10위이지요. 국토 면적은 세계 110위에 인구는 25위밖에 되지 않는 나라가 석유 소비량이 7위라니! 우리나라 사람들이 다른 나라 사람들보다 석유를 펑펑 낭비하고 있다고 생각할 수 있을 거예요.

하지만 꼭 나쁘게 생각할 필요는 없어요. 여기에는 그럴 수밖에 없는 이유들이 있으니까요. 우리나라는 세계에서도 몇 안 되는, 지하자원이 참 없는 나라 중 하나예요. 석유는 단 한 방울도 나오지 않고요. 그래서 석탄, 석유 등의 에너지를 거의 외국에 의존할 수밖에 없답니다.

### 우리나라 하루 석유 소비량

2007년 우리나라 석유 소비량은 하루 230만8천 배럴로, 미국(2,007만1천 배럴), 중국(598만2천 배럴), 일본(545만1천 배럴), 독일(266만4천 배럴), 러시아(250만3천 배럴), 인도(242만6천 배럴)에 이어 7위를 기록했다. 일주일치면 서울 상암동 월드컵 경기장을 채울 정도로 많은 양이다.

게다가 우리나라는 수출을 해야시만 잘살 수 있는 깅세 구조를 가지고 있어요. 외국인들이 좋아하는 한국의 자동차, 반도체, 전자 제품, 선박 등등 이 모든 것들이 석유 없이는 만들 수 없는 물건들이에요. 또 이 물건들을 만드는 공장의 기계가 쉴 새 없이 돌아가려면 석유가 꼭 있어야 하고요.

**우리나라의 석유 산업은 1962년에 제1차 경제 개발 5개년 계획과 함께 시작되었어요.** 그 당시 정부는 경제 자립과 국민 생활 향상을 위해 경제 개발을 지속적으로 추진하기로 했지요. 그 핵심 내용을 살펴보면 공업 생산 기반의 확충과 수출 산업의 육성이었어요.

그러나 이런 경제 정책을 성공적으로 추진하기 위해서는 무엇보다도 석유를 안정적으로 확보하고 있어야 했어요. 그래서 정부는 정유 공장의 건설을 최우선 사업으로 채택했지요. 당시 우리나라는 달러를 원조 받고 있었고, 석유류 공급은 외국 법인인 대한석유저장회사(KOSCO)가 독점하고 있었으므로 고가의 석유 완제품만을 수입해야 했어요. 이런 상황에서 정유 공장의 건설은 그야말로 외화 절약과 공업화를 위한 안정적인 에너지 확보를 위해 꼭 필요한 사업이었던 거예요.

1964년 4월, 마침내 국내 최초의 유공(현재의 SK에너지) 울산 정유 공장이 가동을 시작했어요. 이 정유 공장이 가동됨에 따라 석유의 안정적인 공급이 이루어졌고, 국민 생활도 많이 변화되었지요.

### 연탄으로 변신한 석탄

우리나라에서 석탄은 연탄으로 만들어져 널리 보급되었다. 1960년대는 국내 연탄 산업의 전성기로, 당시 겨울나기에 꼭 필요한 두 가지를 꼽으라면 단연 연탄과 김장이었다.

우리나라는 1960년대 초만 해도 석탄이 주 에너지원이었어요. 그러나 경제 동력으로서 석유의 소비가 많아짐에 따라 1962년 9.8퍼센트에 불과했던 석유 소비는 1971년에는 50.6퍼센트를 차지하게 되었어요. 그리고 산업이 점차 발달하면서 생활 수준이 향상되고 자동차의 보급이 확대되면서 석유 소비는 꾸준히 높아지고 있답니다.

우리나라는 정유 산업의 강국이에요. 모두 다섯 개의 정유 공장이 있는데 여기에서 하루에 정제하는 양은 273만 5,000배럴(2005년 기준)로 세계 5위예요. 일부는 다른 나라로 수출도 하는데 자동차, 반도체, 선박, 무선 통신 기기와 함께 5대 수출 품목 중 하나랍니다. 이렇게 정유 공장에서 만들어진 석유는 다시 기차나 트럭 혹은 송유관을 따라 전국의 저유소로 보내져요. 저유소란 석유를 저장하는 장소를 말해요. 그리고 다시 주유소나 공장으로 보내진답니다.

관세청의 발표에 따르면 2008년에 우리나라는 반도체와 승용차보다 기름을 더 많이 해외에 수출했어요. 석유가 나지 않는 우리나라가 기름을 수출했다니 이상하죠? 그것은 바로 원유를 이용해서 만든 휘발유, 경유 등의 석유 제품들을 수출했다는 말이에요. 이는 우리나라의 정제 기술이 세계적인 수준임을 알려 주는 증거이기도 하지요.

우리나라의 석유 제품 수출액은 2004년에 월평균 9억 달러였던 것이 2007년에는 20억 달러로 증가했고, 2008년에는 30억 달러로 급등했어요. 전체 수출액에 대한 비중도 2004년 4퍼센트에서 2008년 6월에는 10.7퍼센트로 큰 폭으로 확대되었답니다.

### 석유 1배럴은 몇 명의 노동력에 해당될까?

석유는 중요한 에너지원이다. 에너지원이란 불을 밝히고, 밥을 짓고, 차를 달리게 하고, 공장의 기계를 돌리는 힘의 원천을 말한다. 만약 석유가 없었다면 이 모든 일들을 사람이 직접 했을지 모른다. 이렇게 사람이 직접 일을 하는 것을 노동력이라고 한다.

그렇다면 석유 1배럴은 몇 명의 노동력에 해당될까? 보통 가정에서 우리가 사용하는 석유로 계산해 보면 1배럴은 무려 열두 명의 사람이 1년 내내 일하는 것과 맞먹는다고 한다. 불을 때고, 요리를 만들고, 청소를 하고, 옷을 만들고, 자동차를 굴러가게 하는 등 석유는 정말 대단한 일꾼이다.

Chapter 4
# 석유를 왜 '검은 눈물' 이라고 할까?

# 검은 눈물, 석유

20세기부터 석유는 산소나 물처럼 필수품이 되었어요. 석유가 우리 생활에 깊게 뿌리내릴수록 그만큼 더 많이 필요해졌지요. 석유가 나지 않는 나라들은 석유를 확보하기 위해 많은 돈을 내야 했고, 석유가 펑펑 쏟아지는 산유국들은 금세 큰돈을 벌었지요. 그리고 석유 사업을 하는 사람들과 석유 회사들도 엄청나게 큰돈을 벌었어요. 석유왕 존 록펠러와 폴 게티가 대표적인 인물이지요. 그래서 사람들은 석유를 '검은 황금'이라고 불렀어요.

그런데 유명한 저널리스트이자 에너지 전문가인 윌리엄 엥달은 이렇게 말했어요. "20세기 이후의 전쟁에는 석유가 있었다."

도대체 석유와 전쟁이 무슨 관계인 걸까요? 석유는 편리하고 고마운 에너지예요. 하지만 그럴수록 사람들은 더 많은 석유를 가지고 싶어 했어요. 강물이나 나무처럼 모든 나라에 골고루 석유가 있다면 좋았겠지만 그렇지 않잖아요. 결국 사람들은 석유 때문에 다투기 시작했어요. 전쟁까지 하게 됐죠. 많은 사람들이 죽고 다쳤어요. 끔찍한 일이었어요. 지금도 세계 곳곳에서는 석유 때문에 끊임없이 전쟁이 일어나고 있지요. 사람들은 이제 석유를 검은 황금이라고 부르지 않아요. 석유 때문에 전쟁이 일어난다고 해서 '악마의 검은 피' 혹은 '검은 눈물'이라고 부르죠.

## 1차 세계 대전과 석유

자동차의 등장으로 석유는 석탄을 대신하는 새로운 연료로 큰 인기를 얻었어요. 자동차 덕분에 더 빠르고 멀리 물건과 사람을 수송할 수 있게 되었죠. 그 결과 거미줄처럼 도로가 만들어지면서 도시는 더욱 늘어났고 부자가 되는 사람들도 많이 생겨났어요.

그러나 석유의 보급이 단지 인류의 생활을 편리하게 만든 것만은 아니에요. 편리해질수록 사람들은 더 많은 석유를 필요로 했고, 지구 곳곳에 닥치는 대로 구멍을 뚫기 시작했어요. 1900년에 2,000만 톤에 불과했던 석유 생산량은 1920년에는 무려 다섯 배인 1억 톤으로 늘어났고 덩달아 석유 가격도 뛰기 시작했어요. 사람들은 점차 불안해지기 시작했어요.

과연 우리나라에 있는 석유만으로 충분할까?

그러면서 많은 국가들이 석유 확보에 뛰어들었어요. 당연히 크고 작은 다툼이 생기기 시작했지요. 석유를 얻을 수만 있다면 전쟁도 어쩔 수 없다고 믿는 사람들까지 나타났으니까요. 그 생각은 오래지 않아 현실이 되었어요.

1914년, 제1차 세계 대전이 일어났어요. 그리고 불과 25년 뒤에는 2차 세계 대전이 일어났고요. 수많은 사람들이 목숨을 잃었는데 그중에는 석유 때문에 희생된 사람도 엄청나게 많았답니다.

두 차례의 세계 대전은 인류의 비극이었지만 석유의 중요성을 일깨워 준 중요한 계기가 되기도 했어요. 전쟁으로 석유의 중요성을 깨

닫다니 이게 무슨 말일까요?

20세기 초반까지 석탄은 유럽 사람들에게 중요한 에너지원이었어요. 당시 영국군은 해군 함대에 석탄을 태우는 증기 기관을 사용할 정도였으니까요. 그것은 미국과 유럽의 상황이 달랐기 때문이에요. 유럽 국가들은 미국과 달리 시추 기술도 좋지 않았고 유전도 많지 않았어요. 대신 석탄이 풍부했지요. 그래서 유럽 각 나라들은 굳이 비싼 돈을 들여 미국에서 석유를 사 오려고 하지 않았어요.

하지만 유럽 국가 중 영국은 조금 다른 생각을 가지고 있었어요. 오랫동안 영국은 막강한 해군의 힘을 바탕으로 전 세계 곳곳에 식민지를 만들어 '해가 지지 않는 나라'로 불렸어요. 하지만 19세기 말부터 강력한 전함을 보유하게 된 독일이 도전장을 내밀었지요. 신형 독일 전함과 비교하면 영국의 전함들은 낡고 오래된 구닥다리에 불과했어요. 1904년, 영국 해군 대장 재키 피셔 경은 독일 전함에 맞설 수 있는 해군을 만들려면 석탄 대신 석유를 사용해야 한다고 생각했어요. 위기를 느낀 거죠. 다행히 영국은 페르시아에서 많은 석유를 확보하고 있었어요. 피셔 경은 낡은 고물 전함은 죄다 버리고 전함의 연료를 석유로 교체해 버렸어요. 하지만 영국의 많은 관

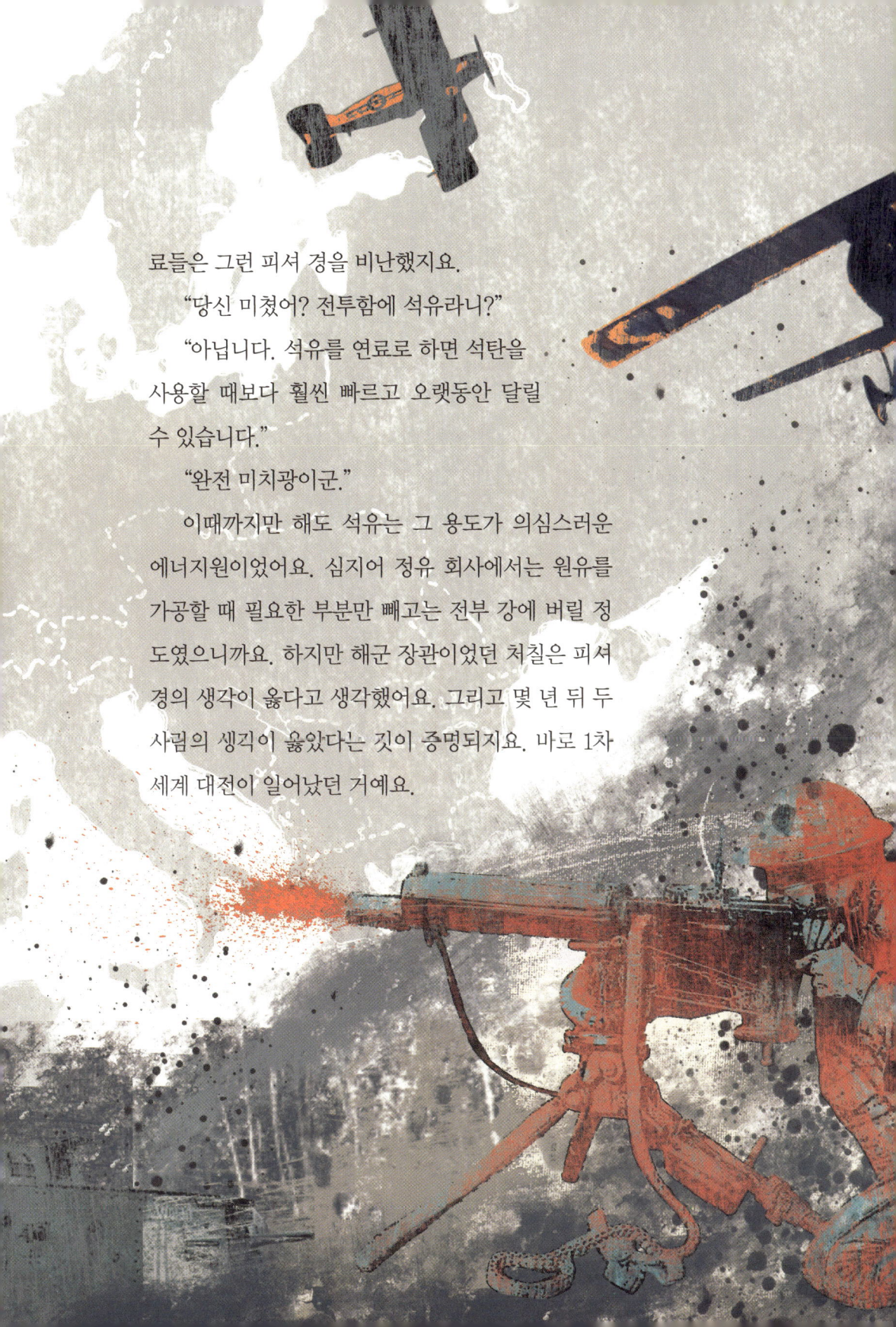

료들은 그런 피셔 경을 비난했지요.

"당신 미쳤어? 전투함에 석유라니?"

"아닙니다. 석유를 연료로 하면 석탄을 사용할 때보다 훨씬 빠르고 오랫동안 달릴 수 있습니다."

"완전 미치광이군."

이때까지만 해도 석유는 그 용도가 의심스러운 에너지원이었어요. 심지어 정유 회사에서는 원유를 가공할 때 필요한 부분만 빼고는 전부 강에 버릴 정도였으니까요. 하지만 해군 장관이었던 처칠은 피셔 경의 생각이 옳다고 생각했어요. 그리고 몇 년 뒤 두 사람의 생각이 옳았다는 것이 증명되지요. 바로 1차 세계 대전이 일어났던 거예요.

1차 세계 대전이 일어나자 석유로 움직이던 영국 전함은 뛰어난 성능을 보였어요. 석탄을 연료로 하는 배보다 훨씬 가벼웠고 행동반경이 네 배나 넓었어요. 게다가 석유를 연료로 쓰는 배는 석탄을 쓰는 배보다 연기도 훨씬 적게 나서 전투에서 적에게 쉽게 발각되지 않았지요.

1차 세계 대전이 끝날 무렵인 1918년에 영국 전함의 40퍼센트가 연료를 석유로 대체했어요. 전쟁에서 석유가 미친 영향은 비단 영국 해군뿐만이 아니었어요. 프랑스 군대는 전쟁 초기에는 석유로만 움직이는 군용 트럭을 약 110대, 비행기를 약 132대만 가지고 있었지만 전쟁이 본격화되자 7만 대와 1만2천 대로 급격히 늘렸어요. 모든 나라들은 비로소 알게 되었던 거죠. 강한 군대를 유지하려면 석유가 꼭 필요하다는 사실을요.

# 2차 세계 대전과 석유

2차 세계 대전을 일으킨 독일의 히틀러는 누구보다도 석유의 중요성을 잘 알고 있었어요. 1차 세계 대전에서 독일군은 석유를 연료로 하는 영국의 장갑차와 전투기에게 크게 졌던 경험이 있었으니까요. 히틀러는 전쟁에 이기기 위해서는 무엇보다도 석유를 확보해야 한다고 굳게 믿었어요.

히틀러가 눈독을 들인 곳은 루마니아였어요. 루마니아에는 석유가 풍부한 플로에스티 유전이 있었거든요. 독일이 루마니아를 점령하는 데 성공하자 독일군은 전쟁에 필요한 석유의 절반을 확보하게 되었지요.

하지만 전쟁이 점점 커지자 더 많은 석유가 필요해졌어요. 그래서 노린 곳이 소련(지금의 러시아)이었어요. 그런데 독일과 소련은 1939년에 서로를 침략하지 않겠다는 약속, 즉 독소 불가침 조약을 맺은 상태였어요. 그러나 히틀러는 그런 조약보다도 석유가 더 중요했어요. 그만큼 소련의 카프카스 유전은 히틀러에게 군침 도는 곳이었던 거예요.

독일의 침공을 받은 소련의 최고 지도자인 스탈린은 부하였던 니콜라이 바이바코프에게 이렇게 말했어요.

"지금 당장 카프카스의 석유 시설을 파괴해라. 만일 히틀러가 1톤이라도 우리 땅에서 석유를 가져간다면 너를 살려 두지 않을 거야."

정말 무시무시한 말이지요? 자기 땅의 유전 시설을 파괴하라니! 스탈린은 석유가 독일군에게 들어가면 큰일 난다고 생각했던 거예요. 어쨌든 소련군은 독일군이 석유를 가져가지 못하게 유전 시설을 모두 파괴해 버렸어요. 결국 독일군은 소련을 침공했지만 한 방울의 석유도 얻지 못했지요.

초조해진 히틀러는 석유를 얻기 위해 아프리카로 쳐들어갔어요. 히틀러가 노린 것은 북아프리카의 유전이었어요. 이를 위해 '사막의 여우'라고 불리던 독일의 로멜 장군이 직접 전차를 이끌고 가 공격을 했어요. 하지만 전차에 넣을 석유가 부족해지자 로멜 장군의 전차 부대는 전멸을 당하다시피 지고 말았어요.

이렇게 히틀러의 독일군이 석유를 얻지 못해 쩔쩔매는 동안 연합군이었던 영국과 프랑스의 사정도 비슷했어요. 이 두 나라도 전쟁을 치르느라 석유가 거의 바닥난 상태였지요. 그러자 영국과 프랑스는 미국에게 석유를 달라고 부탁했어요. 이미 미국은 텍사스와 오클라호마에 큰 유전을 가진 석유 부자 국가였거든요.

미국이 연합군에게 석유를 준다는 소식을 들은 히틀러는 크게 당황했어요. "막아. 무슨 일이 있더라도 미국의 유조선을 폭파해라!"

히틀러는 유럽으로 향하는 미국의 유조선을 공격하기 위해 잠

### 로멜 장군(1891~1944)과 폐식용유 전차

북아프리카의 한 전선에서 로멜 장군이 이끌던 독일군은 영국군에 포위됐다. 설상가상으로 경유 보급마저 끊어져 꼼짝없이 당할 위기에 처했다. 이때 로멜은 전차의 엔진이 디젤 기관이라는 점을 생각해 내고, 쓰고 남은 폐식용유를 전차에 넣게 했다. 그러자 거짓말처럼 전차가 움직였다. 폐식용유 덕분에 로멜 장군은 영국군의 포위를 뚫고 탈출할 수 있었다.

수함을 출격시켰어요. 이것이 그 유명한 유보트(U-boats)예요. 무시무시한 잠수함 유보트는 5개월 동안 바닷속에 숨어서 미국의 유조선을 무려 55대나 가라앉혔어요. 석유가 연합군 손에 들어가면 이길 수 없다는 것을 히틀러는 잘 알고 있었던 거죠. 하지만 미국은 계속해서 석유를 유럽으로 보냈어요. 그래서 결국 석유가 바닥난 독일은 항복할 수밖에 없었지요. 만일 히틀러가 유전 지대를 점령했다면? 그리고 미국이 유럽에 석유를 보내 주지 않았다면? 아마도 2차 세계 대전의 양상은 크게 달라졌을 거예요.

독일의 동맹국이었던 일본도 석유 때문에 항복을 했어요. 독일이 소련을 공격하고 있을 무렵 우리나라를 식민지로 삼아 대륙으로 진출하려는 야망을 키우고 있던 일본은 동남아시아를 호시탐탐 노렸어요. 인도네시아와 말레이시아에 유전이 있었기 때문이지요.

당시 일본은 전함과 전투기에 넣을 대부분의 석유를 미국에서 수입하고 있었어요. 하지만 1941년에 미국은 일본으로 석유 수출하는 것을 금지했어요. 이에 화가 난 일본은 미국을 기습 공격하기로 결심했어요. 이것이 바로 영화로도 만들어진 그 유명한 진주만 공습이에요. 한 대 얻어맞은 미국이 얼떨떨하고 있는 사이에 일본은 재빨리 인도네시아와 말레이시아를 점령해 꿈에도 그리던 석유를 얻었어요.

하지만 그것을 보고만 있을 미국이 아니었죠. 미국은 원유를 싣고 가는 일본의 배들을 노리고 집요하게 공격했어요. 일본도 석유를 지키기 위해 필사적으로 달려들었지요. 그러나 강력한 미국의 함대를 이길 수는 없었어요. 더구나 미국이 일본 본토에 원자 폭탄을 터뜨리자 더

버틸 수가 없었어요. 그래서 일본은 항복을 하게 돼요. 1945년 8월 15일, 우리에게는 잃었던 나라를 되찾은 날이기도 하지요.

하지만 일본이 연합군에게 항복한 것은 원자 폭탄 때문만은 아니에요. 원자 폭탄이 나가사키와 히로시마에 떨어지기 전에 이미 일본의 공군은 연료, 즉 석유가 거의 다 떨어진 상태였어요. 전투기를 띄우는 데 쓸 석유가 없었던 일본은 더 이상 전쟁을 할 힘이 없었던 거예요.

이렇게 세계 대전이 끝나자 이번에는 석유를 놓고 같은 나라 국민들끼리 다투는 일이 벌어졌어요. 1980년대에 아프리카의 산유국인 수단과 앙골라는 각각 석유 때문에 국민들이 둘로 나뉘어 싸움을 했어요. 유전 지대를 차지하기 위해 같은 국민들끼리 원수가 되고 말았답니다. 오랜 다툼 끝에 평화가 찾아왔지만, 수단과 앙골라에서는 각각 190만 명과 50만 명이 목숨을 잃고 말았지요.

# 1차 걸프전

1991년 1월 17일 새벽, 고요한 이라크의 수도 바그다드는 미국의 미사일 폭격으로 불바다가 되었어요. 미국의 뉴스 전문 채널인 CNN은 이 모든 광경을 위성 생중계로 촬영하여 세계에 알렸죠. 마치 비디오 전쟁 게임을 보여 주듯이 말이에요. 이라크의 군대가 쿠웨이트를 침공한 지 159일이 지난 날이었어요.

이라크는 왜 같은 중동의 국가인 쿠웨이트를 공격했을까요? 그리고 미국은 왜 무려 1만 킬로미터 밖에 떨어져 있는 이라크를 공격했을까요? 여기에는 석유가 있었어요. 좀 더 자세히 알기 위해서는 이 전쟁이 일어나기 5개월 전으로 돌아가야 해요.

쿠웨이트는 이라크의 남쪽 국경 지대에 있는 나라예요. 면적이 남한의 5분의 1밖에 되지 않는 작은 나라이지만 석유가 풍부한 곳이에요. 그런데 이 두 나라는 언제부터인가 사이가 좋지 않았어요. 이라크 사람들은 오랫동안 쿠웨이트가 자신들의 땅이라고 생각하고 있었거든요. 그런데 지금으로부터 약 100년 전, 쿠웨이트에 묻혀 있는 엄청난 양의 석유를 탐낸 영국이 슬며시 끼어들었어요. 영국 사람들은 쿠웨이트에서 마음껏 석유를 채굴하고 싶어 했지요. 그래서 국경선을 그어 이라크에서 분리시켜 버렸답니다. 이라크 사람들은 기분이 나빴어요. 그런데 그들을 더욱 화나게 한 것은 쿠웨이트 사람들이 국경 지대에 있는 루마일라 유전에 들어와 몰래 석유를 뽑아 간 일이었어요.

이제 세계 각국은 석유 확보를 위해서라면 전쟁도 마다하지 않는다. 특히 미국은 석유 확보를 위한 전쟁에 직·간접적으로 관여되어 있을 만큼 적극적이다.

"야, 쿠웨이트! 너네 자꾸 우리 땅에 와서 석유 훔쳐 갈래?"
"웃긴다. 이 유전이 너네 땅이란 증거 있어?"
"자식들, 어디 두고 보자."
"메롱."

빠드득, 이라크 사람들은 이를 갈았어요. 힘은 분명히 이라크가 셌지만 당장은 어쩔 수가 없었지요. 쿠웨이트의 뒤에는 미국과 영국 같은 더 힘센 나라가 있었으니까요. 미국과 영국은 쿠웨이트에 들어와 신나게 석유를 뽑아 대는 중이었거든요. 게다가 이라크는 또 다른 이웃 나라인 이란과 무리한 전쟁을 치르느라 몹시 지친 상태였어요. 이 지루한 전쟁이 8년 만에 끝이 난 상태였지요. 국력을 크게 낭비한 이라크와 이라크의 지도자였던 사담 후세인은 많은 돈이 필요했어요. 무기

를 사느라 다른 나라에서 꾼 돈도 갚아야 했고요. 하지만 무슨 걱정이겠어요? 이라크는 중동에서 사우디아라비아 다음으로 석유가 많이 나는 나라인걸요.

방법은 간단했어요. 늘 그랬던 것처럼 땅을 깊이 파고 석유를 뽑아낸 다음 비싼 값에 팔기만 하면 되는 일이었죠. 그런데 뜻밖의 일이 일어났어요. 쿠웨이트와 아랍에미리트가 석유를 너무 많이 생산해 버리는 바람에 배럴당 21달러였던 석유값이 14달러로 뚝 떨어져 버린 거예요. 초조해진 이라크는 쿠웨이트를 달랬어요.

"착한 쿠웨이트야, 내가 돈이 좀 필요해. 너희들이 석유를 조금만 생산하면 안 될까?"

"싫은데."

"너네는 정말이지 일생에 도움이 안 되는구나."

그때부터 사담 후세인은 독하게 마음을 먹기 시작했지요. 한번 밉다고 생각한 놈은 무엇을 해도 밉게만 보이는 법이니까요. 후세인은 눈엣가시 같은 쿠웨이트를 점령할 무서운 계획을 세웠답니다. 여기에서 중요한 것은, 이라크가 단지 쿠웨이트가 밉기 때문에 전쟁을 결심한 것만은 아니란 거예요. 당시 쿠웨이트는 하루에 약 195만 배럴의 석유를 생산하는 산유국이었어요. 만일 쿠웨이트의 유전을 점령할 수 있다면 이라크는 단숨에 세계 석유 매장량의 20퍼센트를 보유한 거대 산유국이 될 수 있었죠. 세계 최대 산유국인 사우디아라비아가 25퍼센트 정도를 보유하고 있었거든요.

후세인은 자신이 있었어요. 이라크에는 전쟁 경험이 풍부한 100만의 강한 군대가 있었어요. 이 숫자는 쿠웨이트 전체 인구의 절반이었고, 외국인을 제외한 순수 쿠웨이트 사람보다 더 많은 규모였지요. 1990년 8월 2일, 이라크 육군은 드디어 남쪽 국경을 넘어 쿠웨이트를 점령해 버렸죠. 하지만 승리의 기쁨은 오래가지 않았어요. 팔짱을 끼고 구경만 하던 미국이 발 빠르게 움직이기 시작한 거예요. 미국을 포함한 영국, 사우디아라비아 등 33개국의 다국적군이 중동으로 몰려갔어요. 우리나라도 5억 달러의 전쟁 비용을 내고 다섯 대의 공군 수송기와 200여 명의 의료 부대를 파병했지요.

이라크는 최첨단 무기를 갖춘 미군을 당해 낼 수가 없었어요. 쿠웨이트가 점령당한 지 209일, 이라크 전쟁이 시작된 지 43일 만에 사담 후세인은 항복을 했어요. 이것이 우리가 잘 알고 있는 걸프 전쟁(Gulf War)이에요. 여기에서 걸프(gulf)란 페르시안 걸프(Persian gulf), 즉 페르시아 만을 뜻하는 단어인데, 걸프란 폭에 비해 안쪽이 긴 해안 지역의 만(灣, bay)을 뜻하는 말이에요. 지금은 걸프라고 하면 흔히 페르시아 지역, 즉 지금의 중동 지역을 뜻하는 말이 되었답니다.

**걸프 전쟁**은 두 가지 결과를 가져왔어요. 첫 번째는 중동에 다시 찾아온 평화였고, 두 번째는 **미국이 중동 지역의 석유를 통제할 수 있는 기회를 잡았다**는 거예요. 중동은 미국이 석유를 가장 많이 수입하는 곳이고, 미국의 많은 석유 회사들이 진출해 엄청난 돈을 버는 곳이기도 해요.

그런데 중동 지역에 자꾸 전쟁이 나거나 불안해지면 어떻게 될까요? 중동에 전쟁이 자꾸 일어나면 석유값은 크게 올라가게 될 테니 미국은 더 비싼 돈을 주고 석유를 살 수밖에 없을 거예요. 중동에 진출한 미국의 석유 회사들도 큰 손해를 입고 고국으로 돌아가야만 할지도 몰라요. 그런 미국의 눈에 이라크는 중동의 평화로운 석유 질서를 망치는 말썽꾸러기로 보였던 거죠. 결국 미국이 쿠웨이트를 도운 것은 결코 포기할 수 없는 석유 때문이었어요.

국제 사회는 이렇게 냉정한 곳이에요. 만일 중동이 석유가 나지 않는 곳이었다면 어땠을까요? 이라크가 쿠웨이트를 점령한 후 미국의 전직 고위 관리가 남긴 말을 보면 어느 정도 짐작할 수 있어요. 그는 이렇게 말했어요.

"만일 쿠웨이트가 당근이나 키우고 있었다면 우리는 전혀 상관하지 않았을 것이다."

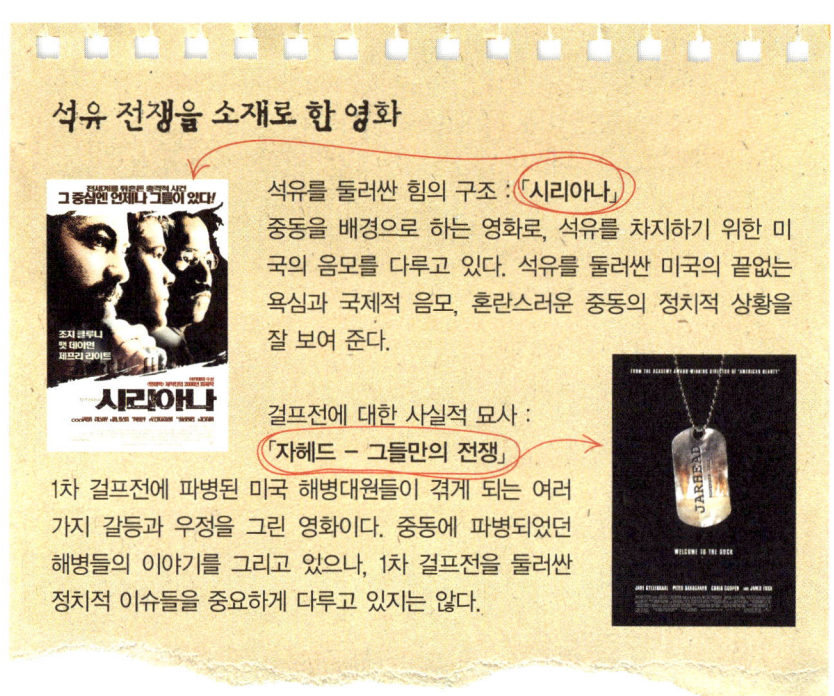

### 석유 전쟁을 소재로 한 영화

석유를 둘러싼 힘의 구조 : 「시리아나」
중동을 배경으로 하는 영화로, 석유를 차지하기 위한 미국의 음모를 다루고 있다. 석유를 둘러싼 미국의 끝없는 욕심과 국제적 음모, 혼란스러운 중동의 정치적 상황을 잘 보여 준다.

걸프전에 대한 사실적 묘사 : 「자헤드 - 그들만의 전쟁」
1차 걸프전에 파병된 미국 해병대원들이 겪게 되는 여러 가지 갈등과 우정을 그린 영화이다. 중동에 파병되었던 해병들의 이야기를 그리고 있으나, 1차 걸프전을 둘러싼 정치적 이슈들을 중요하게 다루고 있지는 않다.

## 2차 걸프전 (이라크 전쟁)

2001년 9월 11일 미국 시간으로 오전 8시 45분, 92명을 태운 보잉 747 비행기 한 대가 뉴욕의 무역 센터 북쪽 빌딩에 추락하는 사건이 발생해요. 그리고 이어지는 두 시간 동안 또 다른 세 대의 비행기가 각각 추락을 하죠. 이것이 바로 세계를 깜짝 놀라게 한 9.11 테러 사건이었어요. 이 사건으로 몇 천 명의 사람들이 다치거나 목숨을 잃었어요.

많은 사람들이 슬픔에 빠진 사이 미국 정부는 테러를 일으킨 범인으로 '알카에다'라는 이슬람 무장 단체를 지목하지요. 1차 걸프전이 끝나고 불과 10년 만에 또다시 큰 전쟁이 일어날지도 모른다는 긴장감이 흘렀어요.

미국은 잔뜩 화가 났어요. 즉시 군대를 보내 중동의 두 나라를 공격하지요. 아프가니스탄과 이라크였어요. 아프가니스탄은 알카에다를 숨겨 둔 나라였고, 이라크는 대량 살상 무기를 가진 테러 지원국이라는 이유 때문이었어요. 하지만 다른 나라와 전쟁을 하려면 먼저 유엔의 찬성이 있어야 해요. 그런데 영국은 찬성했지만 러시아와 중국, 프랑스 등 유엔 안보리의 주요 국가들은 이라크 전쟁을 반대했어요. 하지만 미국은 말을 듣지 않았어요. 이미 국제 사회의 어떤 나라도 미국을 말릴 힘이 없었던 거예요.

예상대로 전쟁은 미국의 승리로 끝났어요. 사막의 가난한 나라인 아프가니스탄과 1차 걸프전에서도 졌던 이라크, 두 나라 다 미국의 적

2001년 9월 11일 오전 8시 45분,
뉴욕의 무역 센터 북쪽 빌딩에 비행기 한 대가
추락하는 사고가 일어났다.
이라크 전쟁의 시발점이 된 사건이다.

수가 아니었으니까요. 이것이 2차 걸프 전쟁이에요. 미국이 '악의 축'이라고 말한 이라크의 대통령 사담 후세인은 전쟁이 끝나고 3년 뒤인 2006년 12월 30일에 교수형을 당했죠.

여기에서 재미있는 사실은, 사담 후세인과 미국은 1988년까지는 사이가 꽤 좋았다는 거예요. 이라크가 한창 이란과 전쟁 중일 때 미국은 이라크를 도왔어요. 당시 이란은 미국을 무척 싫어했기 때문에 미국은 그런 이란이 몹시 미웠던 거예요. 이런 것을 두고 사람들은 '국제 사회에는 영원한 적도, 영원한 친구도 없다'는 말을 하나 봐요.

재미있는 사실이 또 있어요. 전쟁이 끝난 뒤 유엔은 이라크에 사찰단을 보냈어요. 미국이 주장했던, 이라크가 보유하고 있다는 대량 살상 무기와 테러 지원의 증거를 찾기 위해서요. 하지만 그런 것은 끝내 나타나지 않았고, 유엔 사찰단은 빈손으로 철수해야 했지요. 그런데 그게 그렇게 놀라운 일은 아니에요. **미국이 이라크를 공격한 진짜 목적은 살상 무기가 아닌, 이라크 땅에 흐르는 '검은 황금'이자 '검은 눈물'인 석유였으니까요.**

전 세계에서 자동차를 가장 사랑하는 나라, 가장 많은 석유를 수입하는 나라인 미국. 하지만 1970년대부터 미국은 석유 부족의 위기를 심각하게 느끼고 있었어요. 특히 대통령인 조지 부시는 석유 회사를 소유하고 있을 정도로 석유와 에너지에 관심이 많은 인물이었지요. 흥미로운 사실은 부시뿐 아니라 각료들도 대부분 석유와 관련 있는 인물들이라는 거예요. 부통령인 딕 체니는 석유 회사의 최고 경영자였고, 우리나라에 온 적도 있는 콘돌리자 라이스 국무부 장관은 석유 회사의 이사 출신이며, 돈 에반스 상무부 장관 역시 석유 기업가 출신이랍니다. 석유를 사랑하는 그들의 시야에 들어온 중동의 한 국가가 있었으니 그곳이 바로 이라크였지요.

이라크는 비록 오랜 전쟁으로 가난한 나라가 되었지만 파내지 않은 석유 매장량이 무려 1,100억 배럴로 세계 2위예요. 이 수치는 미국에 묻혀 있는 석유 매장량을 합한 것의 네 배이고, 미국 사람들이 1년에 소비하는 석유 양의 16배예요. 만일 이라크의 석유를 확보할 수 있다면 미국 사람들은 최소 16년은 석유 걱정을 잊고 살아도 될 거예요. 그리고 어떤 사람들은 이 수치보다 몇 배나 더 많은 양이 매장되어 있을 것이라고 추정하고 있지요.

게다가 다른 산유국들과 달리 **이라크의 석유는 땅에서 가까운 곳에 묻혀 있어서 생산하는 비용이 세계에서 가장 저렴한 데다가 질까지 아주 우수해요.** 미국으로서는 군침을 흘릴 만한 땅이었던 거죠. 하지만 지금까지 이라크의 유전은 주로 러시아, 프랑스, 중국이 개발했어요. 영국과 미국은 상대적으로 소외되어 있었던 셈이죠. 그때까지 미국의 석유 회사가 주로 진출했던 곳은 사우디아라비아와 쿠웨이트 정도였어요. 그래서 이라크 전쟁 때 유엔 안보리 국가들 중 영국만 미국에 찬성하고 프랑스와 러시아, 중국이 반대했던 거죠. 이들 나라는 미국과 영국이 전쟁에 승리한 뒤 이라크의 유전 개발에 끼어들까 봐 싫었던 거고요.

실제로 전쟁이 끝난 후 미국은 이라크 전쟁에 참여한 국가와 기업들에게만 석유 개발 및 재건 등의 계약들을 준다고 발표했어요. 당첨

이 된 회사들 중에는 콘돌리자 라이스 국무부 장관이 일했던 셰브론 텍사코도 포함되었지요. 이때 영국의 석유 회사인 브리티시의 최고 경영자 브라운은 미국 정부에 이런 말을 했어요.

"앞으로 이라크의 유전 개발을 할 때 미국 기업에만 주지 말고 우리에게도 좀 나눠 주세요."

한편 아프가니스탄 전쟁에도 사실은 석유가 숨겨져 있었어요. 아프가니스탄과 인접한 카스피 해는 석유와 천연가스 매장량이 중동에 이어 가장 많아요. 미국은 카스피 해의 석유와 천연가스를 수송하는 파이프라인을 만들 계획이었지요. 그런데 그 파이프라인이 통과하는 주요 길목이 바로 아프가니스탄이었던 거예요. 이라크 전쟁이 일어나기 4년 전인 1997년부터 9.11 테러가 발생하기 2개월 전인 2001년 7월까지 미국과 아프가니스탄의 탈레반은 파이프라인 건설을 두고 협상을 벌였어요. 하지만 협상은 좀처럼 진행되지 않았지요. 미국은 자신들의 말을 듣지 않는 탈레반에게 이렇게 경고했어요.

"너희들, 황금 카펫 위에 앉을래(on a carpet of gold) 아니면 융단 폭격에 묻힐래(under a carpet of bombs)?"

하지만 협상은 결렬되었어요. 그리고 미국은 자신이 한 말을 그대로 지켰어요. 3개월 뒤인 2001년 10월 7일에 미국은 정말로 융단 폭격을 가하지요.

많은 인명과 재산 피해를 남긴 두 번의 걸프 전쟁, 그 중심에는 항상 석유가 있었어요. 전쟁과 폭탄 테러로 폐허가 된 이라크 북부의 모술 땅에서 선생님으로 일하고 있는 누만 하니 씨는 이런 말을 했어요.

"차라리 우리나라에 석유가 없었으면 좋겠습니다. 그랬으면 미국이 쳐들어오지도 않았을 것이고, 우리들은 유프라테스와 티그리스 강 사이에서 행복하게 살 수 있었을 테니까요."

앞으로도 얼마나 많은 전쟁이 석유 때문에 일어나고 얼마나 많은 사람들이 다치게 될지 몰라요. 석유는 검고 붉은색을 띠고 있어요. 어떤 사람들은 우리 몸속에 있는 피의 색깔과 비슷하다고 말하지요. 석유를 퍼내면 퍼낼수록 사람들은 그만큼 피를 흘린다는 뜻이래요. 석유는 정말 '악마의 검은 피'일까요?

### 이라크 전쟁은 석유 전쟁이었다!

9.11 테러와 걸프전, 이라크 전쟁 등 미국이 일으킨 무수한 전쟁과 테러. 그 뒤에는 석유를 비롯한 천연자원을 확보하려는 목적이 있었다는 의혹이 끊임없이 제기되고 있다. '석유를 알면 미국의 대외 정책이 보인다'는 말이 있을 정도로 미국은 석유를 확보하는 일이라면 조금의 망설임도 없다. 설사 그것이 전쟁이라 하더라도……

Chapter 5
# 석유는 환경 파괴의 주범일까?

석유는 인류에게 편리함을 안겨 주었지만,
**환경 파괴**라는 **검은 재앙**을 불러오기도 한다.

# 지구가 더워요

우리는 단 하루도 에너지 없이는 살 수가 없어요. 음식을 만들고, 집을 따뜻하게 하거나 시원하게 하고, 컴퓨터를 하고, 자동차를 움직이고, 전기를 사용하는 모든 것에 에너지가 필요하죠. 우리가 살아 움직이는 동안 우리는 공기나 물을 쓰는 것보다 더 많은 양의 에너지를 쓰고 있다고 해도 과언이 아닐 거예요. 그래서 각 나라들이 너도나도 석탄이나 석유, 천연가스 같은 에너지원을 어떻게 하면 많이 확보하고 만들어 내고 유통시킬지에 사활을 겁니다.

우리가 사용하고 있는 에너지의 26퍼센트는 값싸고 풍부한 광물인 석탄이에요. 석탄은 주로 산업용으로 많이 쓰여요. 또한 전 세계적으로 많은 양의 전기를 생산하는데도 쓰이지요. 하지만 석탄은 해마다 수백만 명의 목숨을 앗아 갈 정도로 공해 물질을 많이 배출해 내는 문제점이 있어요.

난방이나 전력 생산용으로 각광을 받고 있는 천연가스는 석유보다 깨끗해서 석유를 대체할 수 있어요. 하지만 운송하기가 까다로워서 비용이 너무 많이 든다는 문제점을 안고 있지요.

이렇게 볼 때 석유는 확실히 편리하고 고마운 에너지예요. 하지만 생산되는 곳이 제한적이다 보니 생산자에게 철저히 의존할 수밖에 없어요. 1차, 2차 오일 쇼크에서 보았듯이 가격 변동에 따른 위험이 너무나 큰 에너지원이기도 하죠.

그러나 **석탄이나 석유, 천연가스를 연료로 사용하면서 생기는 가장 큰 문제는 바로 환경오염**이에요. 석탄처럼 석유도 탄화수소 덩어리예요. 탄화수소는 불에 타면 이산화탄소가 만들어지죠. 휘발유 1갤런을 태우면 약 2.27킬로그램의 탄소가 만들어져요. 3개월 된 강아지 푸들의 체중이랑 맞먹는 무게이죠. 미국의 경우 자동차를 운전하는 한 명이 1년에 평균 1톤 정도의 탄소 덩어리를 만들어 내고 있어요. 그런데 석탄은 석유보다 더욱 심각해요. 1톤의 석탄을 태우면 고스란히 1톤 가까이의 탄소가 만들어져요. 석유와 달리 석탄은 거의 순수한 탄소 덩어리이거든요.

인류가 석유와 석탄 같은 탄화수소 에너지를 사용하면 할수록 공기 중에 이산화탄소가 점점 많아져요. 원래 지구는 태양에서 열과 빛을 받으면 지구를 데우고 남은 양은 다시 우주로 돌려보내는데, 이를 복사 에너지라고 해요. 그리고 대기 중에 있는 이산화탄소, 메탄 같은 기체는 지구에서 빠져나가는 열을 붙잡아 지구의 기온을 일정하게 유지시켜 주지요. 이를 온실 효과라고 해요. 그런데 점점 이산화탄소가 늘어나면서 더 많은 열을 붙잡게 되고, 지구의 온도가 올라가고 있어요. 이것을 '지구 온난화'라고 해요. **이산화탄소의 증가는 지구 온난화의 원인들 중 하나예요. 지난 100년 동안 지구의 온도는 최대 섭씨 1.6도 가까이 올랐어요.**

지구가 더워지면 어떤 일이 생길까요? '겨울이 춥지 않아서 좋겠네.'라고 생각하나요?

"100년 동안 겨우 1.6도?"
지구가 얼어붙었던 빙하 시대부터 지구 온도가 3도 올라가는 데 무려 5,000년이 걸렸다!

## 점점 가속도가 붙는 지구 온난화

1850년부터 지구 표면 온도를 측정하기 시작한 이래 지난 12년(1995~2006년) 중 11년이 가장 더운 해로 기록되었다. 1906~2005년 동안 지구 평균 상승 온도는 0.74℃였다. 또한 지난 50년간의 평균 상승 추세도 10년당 0.13℃였는데, 이는 지난 100년에 비해 두 배에 달한다. 지구 온난화가 최근에 더욱 급속히 이루어지고 있음을 알 수 있다.

　안타깝게도 좋은 일보다는 나쁜 일들이 훨씬 많이 생겨요. 극지방만 하더라도 단단하게 얼어 있던 빙하가 녹기 시작했어요. 거대한 빙하가 녹으면 엄청난 양의 물이 바다로 흘러 들어가게 되죠. 그렇게 되면 바닷속으로 가라앉아 영영 사라져 버리는 땅들이 많아져요. 이미 극지방의 빙하는 15퍼센트 가까이 녹아내렸고, 해수면(바다의 높이)은 무려 23센티미터나 높아졌다고 해요.

　또한 홍수와 태풍이 잦아질 뿐만 아니라 오랫동안 비가 내리지 않거나, 여름에도 눈이 내리는 이상 기후가 일어나게 돼요.

　이러한 이상 기후는 곧바로 인간들의 생활에 큰 영향을 끼쳐요. 태풍과 홍수로 재산과 인명 피해가 일어나고, 불안정한 기후 때문에 농사가 잘 되지 않아 식량 부족으로 많은 사람들이 굶주리게 되죠. 뿐만 아니라 많은 동식물들이 멸종하고, 새로운 질병이 생겨나게 될 거예요. 지금처럼 인간이 석유와 석탄을 펑펑 써 대면 말이죠.

지구에 갑자기 이산화탄소가 부쩍 늘어난 이유로는 삼림이 빠르게 줄어들고 있기 때문이기도 해요. 식물들은 공기 중의 이산화탄소를 흡수해서 맑은 산소를 공급하는 역할을 해요. 이것을 광합성이라고 하죠. 그러니까 녹색 식물은 지구의 산소통이었던 거예요. 그런데 너도나도 나무를 베어 가고 개발을 위해서 삼림을 마구 없애다 보니 녹색 식물들이 많이 줄어들었어요. 늘어나는 석탄과 석유의 소비에 점점 줄어드는 삼림. 지구는 점점 **탄소 덩어리**가 되어 가고 있어요.

1997년에 세계 사람들이 일본에 모여 이 문제에 대해 진지하게 이야기를 했어요. 그리고 각 나라는 이산화탄소 배출량을 줄이는 데 노력하겠다고 약속을 했지요. 이 약속을 정리한 결과물이 교토 의정서\* 예요. 하지만 교토 의정서는 얼마 가지 않아 실패로 돌아가고 말았어요. 처음에 약속한 만큼 각 나라는 이산화탄소를 줄일 수가 없었기 때문이죠. 왜 그랬을까요?

이산화탄소를 줄이려면 당장 석탄과 석유 사용부터 줄여야 해요. 자동차도 덜 타야 하고, 플라스틱 제품을 덜 만들어야 하며, 의류나 의약품을 만들 때에도 석유를 사용하지 말아야 하지요. 그것은 현실적으로 너무 어려운 일이에요. 남극의 빙하가 서서히 녹고 있다는 사실은 안타까운 일이지만, 멀쩡한 자동차를 집 앞에 두고 전철을 타야 하는 것은 더욱 내키지 않는 일이었던 거죠. 또 자동차를 만들거나 석유를 정제하거나 합성 섬유를 만드는 회사들도 멍들어 가는 지구의 환경보다는 당장 자신들의 이익이 줄어들 것부터 걱정했지요. 이미 인류는 너무 많은 부분에서 석유에 의존하고 있어요. 무엇보다도 우리들은 석유 없이 살 수 있는 예방 훈련이 조금도 되어 있지 않았던 거예요.

**교토 의정서** : 기후 변화 협약에 따른 온실가스 감축 목표에 관한 의정서

교토 의정서는 기후 변화 협약에 따라 1997년 12월 11일에 일본 교토의 국립 교토 국제 회관에서 열렸던 제3회 지구 온난화 방지 교토 회의에서 채택되었다.
의정서의 내용은 지구 온난화의 원인이 되는 온실 효과 가스의 일종인 이산화탄소($CO_2$), 메탄($CH_4$), 아산화질소($N_2O$), 불화탄소(PFC), 수소화불화탄소(HFC), 불화유황(SF6) 등에 대해서 선진국들의 배출량을 1990년 수준보다 감축할 것을 목표로 하고 있다.
한국은 제3차 당사국 총회에서 기후 변화 협약상 개발도상국으로 분류되어 의무 대상국에서 제외되었지만, 몇몇 선진국들은 감축 목표 합의를 명분으로 한국, 멕시코 등이 선진국처럼 2008년부터 자발적인 의무 부담을 할 것을 요구했다. 그런데 미국은 전 세계 이산화탄소 배출량의 28퍼센트를 차지하고 있으면서도 자신들의 산업 보호를 위해 2001년 3월에 탈퇴해 버렸다.

# 검은 해변

사실 석유는 위험한 물질이에요. 특히 정제되지 않은 **원유**는 황이나 황화수소 같은 유해한 물질들이 잔뜩 들어 있지요. 실수나 사고로 바다에 쏟거나 함부로 버리는 것은 **생물체와 환경에게 독약**을 마시게 하는 것과 같아요. 가끔 텔레비전에서 기름 유출 사고가 났다는 뉴스를 들은 적이 있을 거예요. 이런 유출 사고는 특히 송유관이나 기름을 실은 유조선에서 자주 일어나죠. 물론 운송 과정에서 한 방울의 기름도 흘리지 않기는 정말 어려운 일이겠지만요.

아프리카의 대표적인 산유국인 나이지리아는 유전과 송유관을 직접 연결해 원유를 운송하고 있어요. 그런데 돈을 주고 석유를 살 수 없는 가난한 주민들이 몰래 파이프에 구멍을 내고 몇 리터씩 살짝살짝 훔

시베리아, 서남아시아의 모래사막, 중앙아메리카의 밀림에서는 길게 뻗어 있는 송유관을 볼 수 있다.
외부로 노출되어 있는 송유관은 기름이 누출될 위험이 크다.

쳐 가는 일이 발생했어요. 그 과정에서 적지 않은 기름이 누출되어 주변을 오염시켰지요. 기름을 훔쳐 내는 데 성공한 주민들이 집에 가기 전에 구멍 난 파이프를 원래대로 고쳐 놓았을 리가 없었을 테니까요.

　　송유관 자체가 오래되어 기름이 새는 경우도 있어요. 러시아에서는 오래된 파이프가 파열되어 기름이 쏟아지는 사고가 일어났어요. 오래전에 만든 송유관은 외부로 노출된 상태로 엄청나게 길게 뻗어 있어서 기름이 누출될 위험이 크죠.

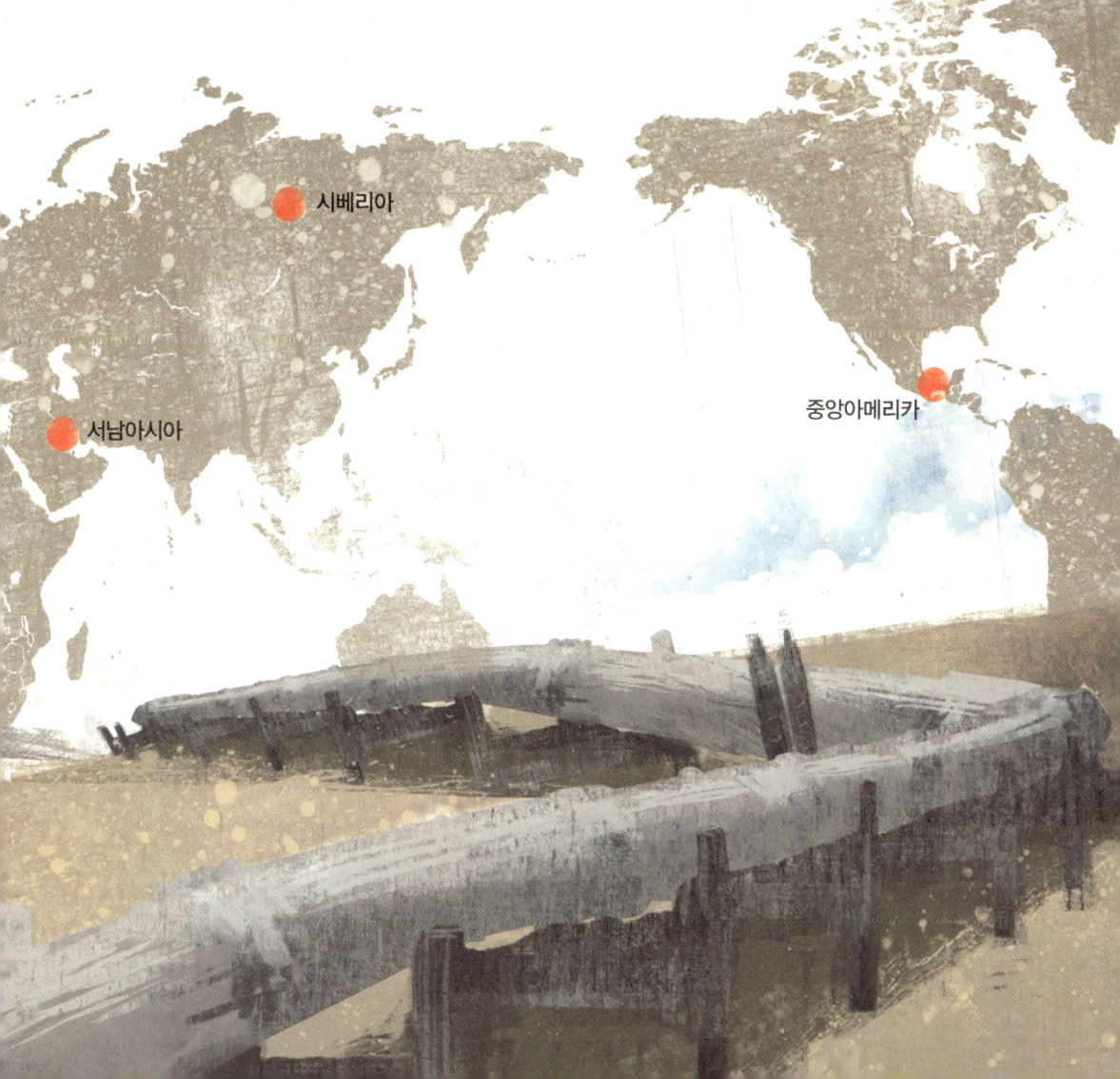

　그래서 안전을 위해 송유관을 일부러 지하에 묻기도 하는데, 특히 북해의 유전은 바닷속에 송유관을 설치했어요. 그래도 안심이 되지 않아 혹시 사고가 나서 기름이 흘러나오면 자동으로 즉시 멈추도록 만들어졌지요.
　운송 과정에서 송유관보다 더욱 위험한 것은 해상 운송이에요. 원유를 잔뜩 싣고 둥실둥실 떠가는 유조선 말이에요.

유조선은 종종 공격의 대상이 되곤 해요. 더구나 한창 전쟁 중인 지역의 바다를 지나갈 때에는 위험하기 짝이 없지요. 유조선은 원유를 최대한 많이 실을 수 있게 만들어진 배라서 덩치만 클 뿐 미사일이나 어뢰 공격에 속수무책이거든요. 그런데 유조선을 위험하게 만드는 요인으로는 전쟁만 있는 것이 아니에요. 거대한 풍랑과 태풍을 만나거나 다른 배와 충돌하거나 배가 너무 오래되어 사고가 날 수도 있지요.

## 바다에 기름이 유출되면?

바다에 기름이 유출되면 바람이나 조류를 타고 빠르게 확산된다. 그러면서 물에 녹는 성분은 바닷물로 녹아들고 휘발 성분은 대기 중으로 증발되기도 하는데, 독성을 지닌 탄화수소 등은 분해되지 않고 바닷속이나 갯벌 밑으로 스며든다. 그러다 보면 이곳에 살고 있는 물고기는 물론이고 게나 조개들이 떼죽음을 당하고, 김, 미역 같은 해조류도 치명적인 피해를 입는다. 오염된 갯벌이 원래의 모습을 회복하기까지는 짧게는 수 년에서 수십 년이 걸린다.

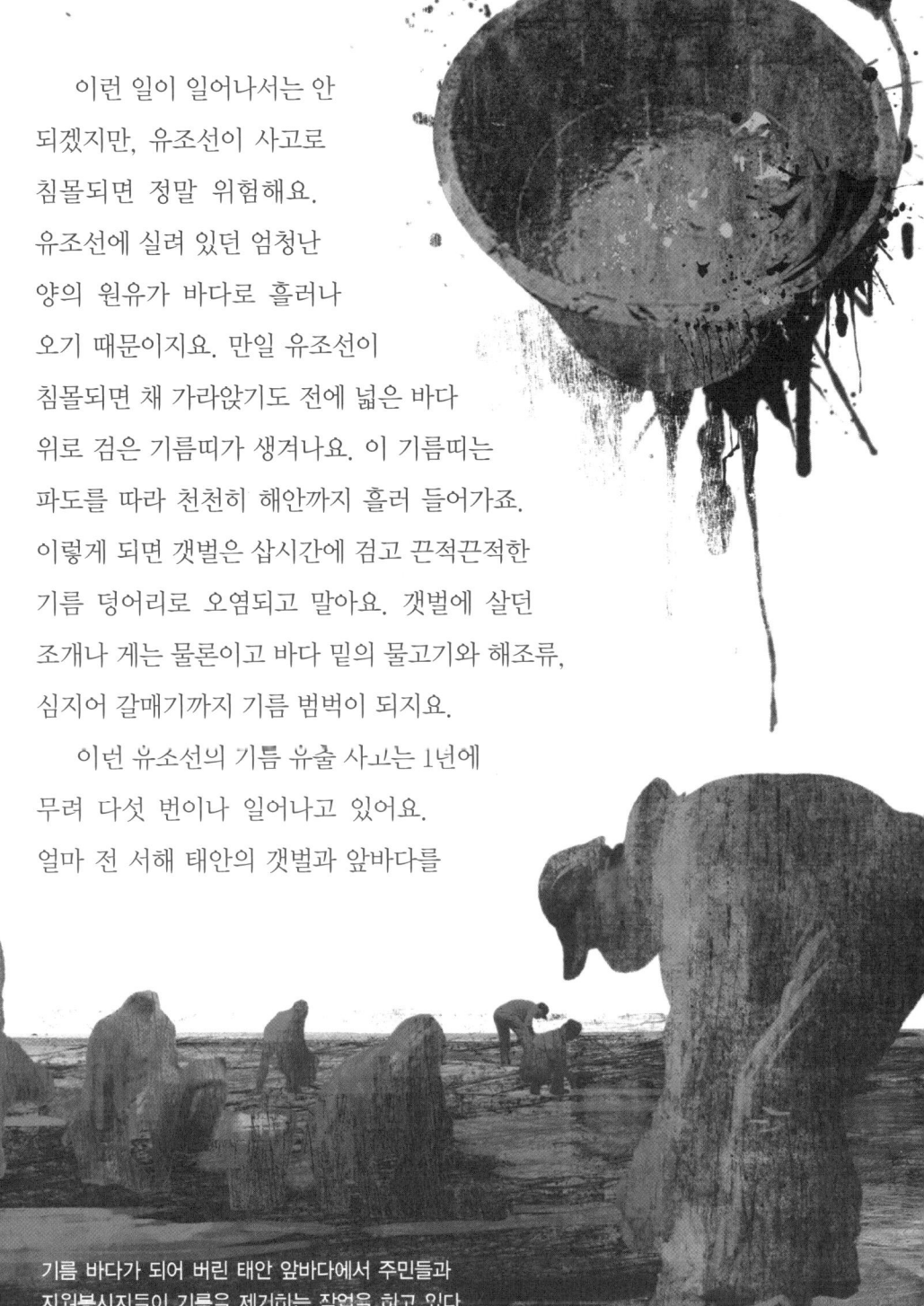

　이런 일이 일어나서는 안 되겠지만, 유조선이 사고로 침몰되면 정말 위험해요. 유조선에 실려 있던 엄청난 양의 원유가 바다로 흘러나오기 때문이지요. 만일 유조선이 침몰되면 채 가라앉기도 전에 넓은 바다 위로 검은 기름띠가 생겨나요. 이 기름띠는 파도를 따라 천천히 해안까지 흘러 들어가죠. 이렇게 되면 갯벌은 삽시간에 검고 끈적끈적한 기름 덩어리로 오염되고 말아요. 갯벌에 살던 조개나 게는 물론이고 바다 밑의 물고기와 해조류, 심지어 갈매기까지 기름 범벅이 되지요.
　이런 유조선의 기름 유출 사고는 1년에 무려 다섯 번이나 일어나고 있어요. 얼마 전 서해 태안의 갯벌과 앞바다를

기름 바다가 되어 버린 태안 앞바다에서 주민들과 지원봉사자들이 기름을 제거하는 작업을 하고 있다.

검게 물들였던 끔찍한 기름 유출 사건도 그중의 하나이고요.

그런데 유조선에 아무런 문제가 없는데도 기름이 유출되는 경우가 있어요. 유조선의 기름 탱크를 청소하면서 생기는 오염 물질과 석유 찌꺼기를 선원들이 몰래 바다에 버리고 달아나는 거죠. '난 돈만 벌면 돼!'라고 생각하는 양심 없는 선주(배의 주인)들이 있기 때문이에요. 더욱 놀라운 사실은 석유를 운송하는 많은 석유 회사들이 유조선을 가지고 있지 않다는 사실이에요.

유조선에 문제가 생기면 우리 석유 회사들은 배상금만 지불하면 돼.

기름 유출 사고가 생기면 법에 따라 유조선을 가진 사람이 책임을 지고 오염 지역을 복구하게 되어 있어요. 말이 쉬워 복구지 그 넓은 바다와 해안을 원 상태로 돌린다고 생각하면 석유 회사들로서는 엄두가 안 나겠지요. 복구하는 데 드는 비용도 엄청날 테고요. 그래서 석유를 운송하는 많은 석유 회사들이 일부러 배를 소유하지 않는다는군요.

"그럼 석유 회사는 책임이 없다는 말이에요?"

"물론 우리도 책임을 져야 하지. 우리들은 배상금을 내. 복구 비용보다 그게 훨씬 싸거든. 어때, 영리하지?"

영리한 게 아니라 너무 영악하네요. 실제로 원유를 수송하는 많은 유조선들은 엉뚱하게도 남미의 파나마나 유럽의 그리스 국적으로 되어 있어요. 특히 파나마는 세금이나 선원 자격 같은 해운 관계 규칙이 다른 나라에 비해 무척 허술하지요. 이렇게 서류상으로만 다른 나라의 국적으로 배를 둔갑시키는 것을 '편의 선적선'이라고 불러요. 편의점의 그 '편의' 말이에요. 편리하다는 뜻을 잘못 이용하고 돈만 밝히는 사람들 때문에 지구가 지금도 기름 유출로 신음하고 있어요.

### 태안 기름 유출 사고 (서해안 기름 유출 사건)

2007년 12월 7일, 서해안의 태안 앞바다에서 14만 6천 톤급 유조선과 삼성중공업의 해상 크레인이 충돌하면서 대량의 원유가 유출된 사고이다.

이 사고로 유출된 기름은 약 1만 톤인데, 국내 최악의 해양 오염 사고였던 1995년 '시프린스 호 사고(원유 5천 톤 유출)'보다 두 배나 많다. 뿐만 아니라 1997년 이후 10년 동안 발생한 3,915건의 사고로 바다에 유출된 기름을 합친 것보다도 더 많다고 한다.

이로 인해 아름다운 경치를 자랑하던 태안반도는 검은 기름에 뒤덮여 시커멓게 오염됐다. 해수욕장과 어장은 물론이고 갯벌까지 오염되어 게와 조개 등을 떼죽음으로 몰아갔다. 원유로 오염된 바다와 갯벌이 회복되기까지 얼마가 걸릴 지는 아무도 모른다. 파괴된 환경과 생태계를 복원하는 데에 들어가는 비용도 어마어마하다. 삶의 터전인 바다를 잃은 4~5만에 달하는 어민들은 생계에 대한 막막함으로 날로 시름이 깊어지고 있다.

사고 후 생계를 비관해 자살한 어민이 세 명이나 된다.

Chapter **6**

# 석유는 지구상에서 사라지는 걸까?

앞으로 남은 시간 20년, 길어야 40년.
석유가 없는 우리의 삶은 어떨까?
희망을 이야기하기에는 너무 늦은 걸까?

# 석유는 곧 고갈될 거야! VS 아니야, 석유는 충분해!

석유를 잘 아는 사람들은 머지않아 지구 상의 석유는 모두 사라지게 되고 석유 가격은 크게 올라갈 거라고 말해요. 6년 전만 하더라도 석유 가격은 1배럴에 60달러 정도였어요. 지금은 약 120달러니까 6년 사이에 벌써 두 배나 올라 버렸네요. 그러고 보면 석유 가격이 올라갈 것이라고 예측한 사람들의 말이 맞네요. 그들은 지금부터 20년 후에는 석유가 완전히 고갈될 것이라고 예측했어요. 만일 이 말이 맞는다면 2020년부터는 주유소가 필요 없겠지요? 기름으로 달리는 자동차들을 만들 필요도 없을 거고요. 또 합성 섬유로 만든 옷도 살 수 없고, 플라스틱 장난감도 만들 수 없을 거예요. 우리 생활에서 쓰이는 물건들 중 열에 일곱은 석유와 관련이 있지요.

그런데 그 반대의 주장도 있어요.

"걱정할 거 없어. 석유는 아직 충분하니까."

"거짓말, 아직 충분한데 왜 석유 가격은 자꾸만 올라가는 거야?"

이게 대체 무슨 소리일까요? 우리는 석유가 머지않아 사라질 거라는 것을 너무도 잘 알고 있어요. 텔레비전이나 신문, 잡지에서조차도 그렇게 말하니까요. 심지어 3차 오일 쇼크가 올 수 있다고 말하는 사람들도 있어요. 그런데 석유가 아직도 충분하다니요? 우선 석유가 곧 없어질 거라고 말하는 사람들의 이야기부터 들어 보기로 해요.

# 피크 이론

어떤 작은 마을에 우물이 하나 있었어요. 마을 사람들은 매일 그 우물물을 길어 밥을 짓고 몸을 씻고 빨래도 했어요. 아무리 퍼내도 우물물은 그대로였어요.

세월이 흘러 그 마을은 큰 마을이 되었어요. 우물을 사용하는 사람들도 늘어났지요. 하지만 우물은 여전히 가득 차 있었어요. 그래서 사람들은 걱정을 하지 않았죠. 하지만 우물가에 살던 한 젊은이의 생각은 달랐어요. 하루에도 몇 번씩 우물을 내려다보니 언제부터인가 우물물의 높이가 조금씩 줄어들고 있었어요. 너무도 작은 변화여서 마을 사람들은 느낄 수가 없었던 거예요. 젊은이는 사람들에게 경고했어요.

"이렇게 펑펑 쓰면 1년 후에는 우물이 말라 버릴 거예요."

마을 사람들은 우물가의 젊은이를 비웃었어요. 사람들 눈에는 우물의 높이가 예전과 똑같아 보였거든요. 걱정도 팔자라며 무시했지요. 1년이 흘렀어요. 우물물의 높이가 빠르게 줄어들기 시작했어요. 눈으로도 뚜렷이 알 수 있을 만큼요. 그제서야 사람들은 젊은이의 말을 듣지 않은 것을 후회했어요. 하지만 우물은 벌써 말라 가고 있었지요.

**"미국의 석유 생산은 1970년 이후 줄어들게 될 것이다."**

1956년에 미국의 지질학자 킹 허버트는 이렇게 말했어요. 하지만 사람들은 허버트의 말을 믿지 않았어요. 석유는 풍부했고, 여기저기에서 새로운 유전이 계속 발견되었으니까요. 사람들은 코웃음을 치며 허버트를 비웃었어요. 하지만 15년 뒤 허버트의 말은 사실이 되었어요. **허버트가 예측한 대로 1971년부터 미국과 세계의 석유 생산량은 줄어들기 시작했던 거예요.** 사람들은 모두 깜짝 놀랐지요. 이것이 그 유명한 피크 이론이에요. 영어로 피크(peak)란 '최고조, 최고점'을 뜻해요. 무엇이든 최고점에 이르면 그다음은 떨어지게 되어 있지요. 피크 이론도 이 같은 원리를 적용한 거예요. 그러니까 **피크 이론은 1970년 이후로 지구 상의 석유는 절반밖에 남지 않았다는 무서운 이론이에요.**

나쁜 소식은 유럽에서도 들려왔어요. 1972년에 유럽의 학자들은 킹 허버트의 말처럼 미래에는 석유가 부족할 거라고 믿고 있었어요. 그래서 그들은 「성장의 한계」라는 보고서를 만들었어요. 이 보고서에는 20세기 말이면 세계의 석유는 거의 바닥을 드러낼 거라는 경고가 적혀 있지요. 이 보고서를 읽은 사람들은 겁에 질렸어요.

'21세기부터 정말로 석유가 없어지면 어떻게 해야 하지?'

석유가 없는 세상은 상상할 수도, 상상하기도 싫은 일이었어요.

하지만 사람들은 모두 알고 있었어요. 지구는 한정된 공간이기 때문에 지구에 묻혀 있는 석유나 천연가스도 그 양이 제한되어 있다는 사실을요. 허둥지둥, 부랴부랴 사람들은 앞으로 우리가 쓸 수 있는 석유와 천연가스의 양이 얼마나 될까를 빨리 계산해야 한다고 생각했어요. 2001년에 미국 에너지부는 앞으로 지구에서 생산할 수 있는 석유는 약 250억 배럴이고, 천연가스는 약 2조 5,700억 세제곱미터라고 발표했어요. 지금까지 인류가 소비하는 속도로 볼 때 이 정도 양이면 석유는 2040년 정도, 천연가스는 2060년 정도면 바닥날 거예요. 정말 끔찍한 이야기죠?

### 국제 유가 100달러 시대

"지구상에서 석유를 캐내어 쓸 수 있는 날이 불과 몇 십 년밖에 남지 않았다."
"석유 값이 배럴당 100달러가 되는 고유가 시대를 앞두고 있다."

고유가는 바로 물가 상승으로 이어지고 경제 위기를 절감하게 한다. 기술의 발전과 함께 인류의 삶을 윤택하게 밝혀 주었던 석유가 도리어 우리를 옥죄는 굴레가 되어가고 있는 것이다. 석유의 굴레를 벗어나기 위해서도 에너지를 절약하는 한편, 석유를 대체할 대체 에너지 개발에 보다 적극적으로 매달려야 할 때다.

## 줄어드는 세계의 석유

킹 허버트의 주장은 점점 현실이 되어 가고 있어요. 세계의 큰 유전들에서 석유가 점점 줄어들기 시작한 거예요. 그 첫 번째 주자는 미국이에요. 미국 사람들은 오랫동안 서쪽의 텍사스 주에서 많은 양의 석유를 얻을 수 있었어요. 최초로 굴착기를 사용해 석유를 뽑아 올린 것도 바로 이 텍사스 주에서죠. 유전의 수만 해도 수백 개가 넘을 정도니까요. 그런데 최근 텍사스 주에 있는 유전들은 줄어드는 양 때문에 큰 고민에 빠져 있어요.

텍사스의 룰링이라는 유전 지대는 한때 하루에 1,000배럴 이상의 석유가 나오는 곳이었어요. 이곳에 진출한 석유 회사도 100개가 넘고요. 그런데 최근에는 하루에 0.25배럴밖에 나오지 않는대요. 0.25배럴이면 주유소에서 큰 승용차 한 대에 가득 채우는 양밖에 되지 않지요. 그나마도 물이 많이 섞인 질이 나쁜 석유이지요. 하루에 이 정도밖에 생산하지 못하면 시추 펌프를 움직이는 비용이 훨씬 더 많이 들기 때문에 그곳의 시추 펌프들은 대부분 작동을 멈췄어요.

다음은 중국이에요. 중국에는 세계 10대 유전의 하나인 다칭 유전이 있어요. 다칭 유전은 1959년에 개발되었지요. 중국 정부는 공산당 건국 10주년을 기념하여 이 유전에 다칭이라는 이름을 지어 주었어요. 다칭(大慶)은 '큰 경사'라는 뜻이지요. 중국의 보물인 다칭 유전은 중국 총 석유 생산량의 무려 40퍼센트를 차지하고 있어요. 하루에 100만 배럴씩 지금까지 무려 132억 배럴을 생산한 중국 최대의 유전이지요. 그런데 1년에 5,000만 톤 이상을 생산하던 다칭 유전의 연간 생산량이 4,000만 톤으로 뚝 떨어졌어요. 그리고 2010년에는 2,000만 톤으로 더 떨어질 것이라고 예상하고 있어요. 전문가들은 다칭 유전의 고갈도 멀지 않았다고 생각하죠. 현재 중국은 석유 부족 때문에 중동에서 많은 석유를 수입하고 있어요. 세계에서 두 번째의 석유 수입국이 된 거죠.

　이번에는 유럽으로 가 볼까요? 유럽에는 세계에서 가장 큰 심해 유전인 북해 유전이 있어요. 심해 유전이란 땅속이 아니라 바다 밑에서 석유를 생산하는 곳을 말해요. 텔레비전을 보면 바다 한가운데에 둥둥 떠 있는 철로 만든 커다란 사각형 모양의 시추선이 종종 나와요. 바로 바다에서 석유를 시추하는 시설이랍니다. 북해 유전에서 생산한 석유를 브렌트유(Brent)라 불러요. 브렌트유는 중동의 두바이유(Dubai), 미국에서 생산하는 서부 텍사스 중질유(WTI)와 더불어 세계 3대 원유예요. 이 중 우리나라가 가장 많이 수입하는 것은 중동의 두바이유라고 앞에서 설명했죠?

　북해 유전은 영국, 네덜란드, 노르웨이 등 유럽의 나라들이 참여해서 공동 개발한 유럽 최대의 유전이에요. 1959년에 천연가스가 발견되었고, 1967년에는 석유를 생산했지요. 발견 당시에 1억 톤 이상의 대형 유전만 14개, 중간 정도의 유전은 30개가 넘는 그야말로 대형 유전이에요.

　북해 유전의 원유는 중동의 두바이유와 달리 유황 등이 적은 경질유로서 질도 좋아요. 북해 유전 덕분에 유럽의 나라들은 아시아 국가와 달리 석유 걱정을 크게 덜 수 있었지요. 바다 밑에 대형 송유관을 설치해서 육지까지 연결했기 때문에 유럽 사람들은 빠르고 저렴하게 석유를 사용할 수 있었어요. 하지만 북해 유전도 매년 생산량이 크게 줄어들고 있어요. 2000년까지는 하루에 600만 배럴 이상을 생산했었는데 2005년부터는 200만 배럴 이하로 뚝 떨어져 버렸어요. 그래서 노르웨이와 영국은 북해 유전의 개발을 포기해 버렸어요. 전문가들은 2020년쯤이면 북해 유전의 석유가 모두 고갈될 거라고 말하고 있어요. 미국도, 중국도, 유럽도 전부 암울한 이야기들뿐이네요.

자, 그럼 세계에서 가장 많은 석유를 생산하는 '지구의 주유소'인 중동은 어떨까요? 미국과 중국 그리고 유럽의 북해 유전 등 세계의 큰 유전들에서 석유가 점점 줄어들자 믿고 기댈 곳은 중동밖에 남지 않았어요. 만일 중동의 유전들에서도 석유가 줄어든다면 상황은 정말 나빠지고 말 거예요.

다행히도 중동의 국가들은 여전히 자신만만해 보였어요. 몇몇 전문가들도 피크 오일이 닥치지 않은 나라는 중동의 사우디아라비아와 쿠웨이트, 이라크 정도를 꼽았어요. 하지만 중동 산유국들의 말을 믿지 않는 사람들도 많답니다. 왜냐하면 중동과 남미, 아프리카 등의 산유국들은 석유가 충분하다고 말하지만 정확한 매장량에 대해서는 약속이나 한 듯 서로 쉬쉬하고 있어요. 그러다 보니 점점 '정말 그럴까?'

**각국의 원유 매장량이 어느 정도인지는 정확하게 알 수 없다. 매장량은 국가의 일급비밀에 속하기 때문이다.**

**북해 유전**

대서양 동북부의 노르웨이에서 스코틀랜드, 잉글랜드, 아일랜드 앞바다에 이르는 해저 유전 지대를 말한다. 200~300억 배럴의 석유가 매장되어 있는 것으로 추정하고 있다.

하고 고개를 갸웃거리며 의심을 하기 시작했어요.

중동의 산유국들은 실제 매장량을 사실대로 발표하지 않는 버릇이 있어요. 그건 석유를 소유하고 있는 곳이 개인이나 회사가 아닌 국가이기 때문이에요. 중동의 왕들은 석유 때문에 국민들의 지지를 얻고 있어요. 국민들은 국가가 석유를 팔아서 번 돈으로 자신들을 잘살게 해 준다고 믿고 있지요. 그런데 석유가 줄어들고 있다는 사실을 국민들이 알게 되면 큰 혼란이 생길지도 모르죠. 그래서 절대로 발표하지 않아요. 발표하지 않으니 석유가 얼마나 남았는지 아무도 알 수가 없고요. 사막을 깊게 파고 들어가서 모든 유정을 다 두드려 보고 확인하지 않는 이상은 말이에요.

2008년 5월에 미국의 대통령 부시는 사우디아라비아를 방문했어요. 석유를 더 많이 생산해 줄 것을 부탁하기 위해서였지요. 사우디아라비아에는 유명한 가와르 유전이 있어요. 가와르 유전은 사우디아라비아 석유의 60퍼센트를 생산하는 세계적인 유전이지요. 그런데 최근 가와르 유전의 생산량이 눈에 띄게 줄어들고 있다고 해요. 그리고 사우디아라비아의 이웃 나라인 쿠웨이트에서도 비슷한 일이 벌어지고 있어요.

쿠웨이트의 부르간 유전은 사우디아라비아의 가와르 유전에 이어 세계에서 두 번째로 많은 석유가 묻혀 있는 큰 유전이에요. 보통 유전에서 석유를 생산할 때 땅에 구멍을 내고 펌프로 뽑아 올려요. 그런데 2005년부터는 물을 넣어서 석유를 생산하고 있어요. 전문가들은 펌프로 뽑아 올릴 수 있는 석유량이 줄어들어서 어쩔 수 없이 물을 넣어서 석유를 생산한다고 믿고 있어요. 물론 쿠웨이트 정부는 절대로 아니라고 펄펄 뛰었지만요. 믿어야 할지, 말아야 할지 정말 답답하네요.

많은 사람들은 킹 허버트의 피크 이론이 맞다고 생각하고 있어요. **앞으로 20~40년이 지나면 지구 상의 석유는 완전히 고갈될 거라고 믿는 거죠. 그리고 석유가 점점 부족해질수록 석유의 가격은 크게 올라갈 거라고 예측하고 있어요.** 허버트가 말했던 피크 이론의 정점인 1971년의 석유 가격은 배럴당 3달러였어요. 그런데 겨우 40년이 흐른 지금은 무려 150달러까지 치솟았어요. 전문가들은 200달러도 멀지 않았다고 말해서 사람들을 더욱 우울하게 만들고 있어요. 정말로 20년 혹은 40년 후에는 석유를 더 이상 구경도 할 수 없게 될까요?

그런데 뜻밖에도 이 말이 틀렸다고 생각하는 사람들이 있어요. 그들은 석유가 여전히 풍부하다고 주장해요. 많은 사람들이 석유가 곧 고갈될 거라고 말하는데, 대체 그들은 무슨 근거로 그런 말을 하는 걸까요?

## 석유는 충분해!

킹 허버트의 피크 이론이 틀렸다고 주장하는 사람들은 지구 상에는 아직도 많은 석유가 있다고 믿고 있어요. 일단 이들의 이야기부터 들어 보죠.

지구 상에는 옛날에는 왕성하게 생산했지만 더 이상 석유가 나오지 않아 폐쇄된 유전들이 꽤 많아요. 석유의 양이 서서히 줄어들어 머지않아 폐쇄될 유전도 있고요. 앞에서 설명했던 텍사스 주의 룰링 유전들이 좋은 예죠. 일단 유전이 오래되어 폐쇄되면 사람들은 서둘러 새로운 유전을 찾으려고 노력할 거예요.

그렇다면 폐쇄된 유전에는 정말로 석유가 나오지 않는 것일까요? 아니에요. 그렇지 않아요. **놀랍게도 폐쇄된 유전에는 여지껏 퍼 올린 원유보다 세 배 이상의 원유가 고스란히 남아 있대요.** 어떻게 그런 일이 있을 수 있을까요?

우리는 앞에서 석유가 나는 지형에 대해 알아보았어요. 다시 한 번 상기해 보기로 해요. 석유는 땅속 깊은 곳에 있는 작은 돌과 돌 사이에 물과 가스와 함께 갇혀 있어요. 이것을 '광상 구조'라고 하기도 하고, '배사 구조'라고 하기도 해요. 마치 강가의 모래톱에 물이 스며 있듯 유전이란 사암, 석회암, 응회암 등의 작은 자갈들 사이에 원유가 섞여 있는 곳이에요. 그 틈에서 석유를 뽑아내는 것이 시추 작업이지요.

이 시추 과정을 살펴볼게요. 일단 유전을 탐사한 후 톱날처럼 생긴 날카로운 기계를 사용해서 땅에 구멍을 깊게 뚫어요. 딱 하고 기계의 끝이 고여 있던 유전의 덩어리에 부딪히면 어떻게 될까요? 우리의 몸으로 비유해 볼게요. 우리 몸 안에는 피가 흐르고 있어요. 피는 파이프처럼 생긴 혈관 안에 갇혀 움직이고 있지요. 손목이나 다리에 불끈불끈 튀어나와 있는 그 혈관 말이에요. 그런데 바늘로 혈관 위를 콕 하고 찌르면 어떻게 되나요? 확! 피가 솟구치겠죠?

유전에서 석유를 뽑아 올리는 것도 같은 원리예요. 고여 있는 유전을 건드리면 땅속의 압력과 대기압의 차이 때문에 원유가 위로 솟구치게 되는 거죠. 그런데 시간이 지나면 땅속의 압력이 점점 떨어져서 석유의 분출은 계속되지 않아요. 그래서 펌프를 사용해서 원유를 위로 퍼 올려요. 이것이 우리가 가장 많이 시행하고 있는 원유 시추 방식이에요. 하지만 펌프를 사용해도 유전의 원유를 모두 퍼 올릴 수는 없어요. 그렇게 펌프로도 원유가 더 이상 나오지 않는 유전은 곧 폐쇄되어 버리고 사람들은 다른 유전을 찾으러 떠나죠. 그럼 폐쇄된 유전 속에 남아 있는 원유는 얼마나 될까요?

"음, 글쎄요. 뭐 한 30퍼센트 정도?"

"틀렸어요. 70퍼센트 넘게 남아 있어요."

"거짓말! 그렇게 많이?"

믿을 수 있겠어요? 시추 기계와 펌프로 얻을 수 있는 원유의 양은 기껏 20~30퍼센트밖에 되지 않아요. 나머지 70퍼센트 이상은 땅속에서 잠을 자고 있다는 이야기예요. 이렇게 시추 기계와 펌프를 사용해서 석유를 뽑아 올리는 것을 1차 시추라고 해요.

사람들은 고민하기 시작했어요. 펌프로 뽑아 올리는 석유의 양에는 한계가 있었지요. 아직도 남아 있는 70퍼센트의 석유를 어떻게든 끄집어내야만 했어요. 그래서 등장한 것이 물을 이용한 2차 시추예요.

"그런데 말야, 물로 어떻게 석유를 뽑아 올린다는 거지?"

"과학 시간에 기름이 물보다 가볍다는 것을 배웠지?"

"그게 어쨌다는 거야?"

"유전 안에는 물과 흙, 원유가 뒤섞여 있어. 흙은 물보다 무겁고, 원유는 기름이니까 물보다 가벼워. 맨 위가 기름, 다음이 물, 맨 아래가 흙이 될 거야. 그렇지 않니?"

"어휴, 답답해. 빙빙 돌리지 말고 빨리 말해."

"잘 들어. 유전의 구멍에 물을 밀어 넣으면 원유가 밖으로 흘러나올 거야. 왜냐하면 기름이 물보다 가벼우니까."

"앗, 그렇구나!"

이것이 2차 시추예요. 한쪽 유정에 물을 밀어 넣은 후 다른 유정을 통해 원유를 흘러나오게 하는 거죠. 물과 기름은 섞이지 않는다는 과학 원리를 이용한 방법이에요. 이것으로 우리는 1차 시추에서 얻지 못했던 원유를 더 생산할 수 있어요. 하지만 2차 시추로도 남아 있는 원유를 모두 퍼 올릴 수는 없어요. 고작해야 10~15퍼센트 정도만 끄집어낼 수 있을 뿐이지요. 왜냐하면 대부분의 원유는 땅속의 모래 틈 사이에 끼여 고여 있기 때문이에요. 여전히 50퍼센트가 넘는 원유가 땅속에 고스란히 남아 있는 셈이죠.

모래 속에 섞인 원유를 뽑아내려면 높은 기술력이 필요해요. 석유에서 흙과 모래를 분리하는 계면 활성제를 투입하는 방법, 수증기를 집어넣는 방법, 불로 유전 안쪽을 태워 발생하는 가스의 압력으로 원유를 밀어 올리는 화공법, 고분자 화합물인 폴리머를 사용하는 케미컬법 등등 사람들은 남은 원유를 회수하기 위해 많은 연구와 실험을 하고 있어요.

하지만 실용화되려면 시간이 필요해요. 만일 이 기술들이 성공을 거둔다면 지금까지 뽑아 올린 것보다 두 배나 많은 원유를 얻을 수 있을 거예요. 아주 오랫동안 새로운 유전을 찾지 않아도 걱정이 없을 만큼 말이에요. 그렇게만 된다면 정말 신나겠죠?

"석유는 아직 충분하다. 가격이 오르는 것은 OPEC과 석유 회사들의 거짓말 때문이다."

석유가 아직 충분하다고 믿는 사람들은 이렇게 주장하고 있어요. 과연 어느 쪽의 말이 맞을까요? 여러분은 어떻게 생각하나요?

# 무한한 가능성의 바다와 오일 샌드

석유가 충분하다고 믿는 사람들은 석유를 캘 수 있는 곳으로 아직 바다가 남아 있다고 말하고 있어요. 현재 생산되고 있는 석유는 80퍼센트가 육지, 즉 땅 밑에서 나오는 것이에요. 바다에서 석유를 생산하는 해저 유전은 북해와 멕시코 그리고 아프리카의 가봉 유전 등에 불과하지요. 전체 생산량의 20퍼센트밖에 안 되고요. 하지만 바다 밑에는 아직도 인간의 손길이 미치지 못하고 있는 엄청난 양의 유전이 있어요.

**사람들이 땅에서만 유전을 찾으려고 하는 건 바다에서 석유를 생산하는 것이 훨씬 힘들고 비용이 많이 들기 때문이다.**

해저 유전을 개발하는 비용은 땅에 구멍을 뚫어 석유를 시추하는 것보다 다섯 배 정도 더 비싸다고 해요. 한 번 시추하는 데 드는 비용이 무려 5,000만 달러래요. 우리나라 돈으로 계산하면 500억 원! 이것이 바닷속에 엄청난 양의 유전이 있는 것을 알면서도 망설였던 이유랍니다.

세계적으로 유명한 유럽의 북해 유전이 개발될 수 있었던 것은 그곳이 얕은 대륙붕이었기 때문이에요. 대륙붕이란 육지에 가까운 수심 200미터 내외의 완만한 해저 바닥을 말하지요. 이 대륙붕들에는 많은 석유가 숨겨져 있어요. 하지만 다 그런 건 아니에요.

어쨌든 심해 유전은 비싼 시추 비용과 개발의 어려움 때문에 그동안 기피되어 왔지만 최근 고유가가 계속되자 비로소 관심을 받게 되었어요. 사실 바다는 육지 못지않은 무한한 자원의 보물 창고예요. 이제 많은 나라들이 앞다투어 해저 유전 개발에 뛰어들고 있지요. 미국은 멕시코 만에 있는 해저 유전에서 하루 13만 배럴을 생산 중이고, 브라질은 산토스 만에서 추정 매장량 330억 배럴의 카리오카 유전을 개발하고 있어요. 프랑스도 이에 뒤질세라 콩고 해안의 700미터 해저에서 하루 9만 배럴을 생산할 계획이고, 중국도 발해만과 아프리카 해안에서 심해 유전을 개발하고 있어요. 이 밖에 러시아와 캐나다, 미국 등은 해저 4,000미터의 북극해 유전에 뛰어들었어요. 이렇게 현재는 하루에 200만 배럴 정도인 해저 유전 생산량이 2015년에는 1,000만 배럴을 넘을 것이라고 해요.

우리나라도 뒤처지면 안 되겠죠? 이미 캐나다 노바스코샤 주 연안의 해저 유전 개발과 북극해 유전, 베트남·미얀마의 해저 유전 등에 활발히 참여하고 있어요. 그리고 기술이 더욱 발달하면 해저 유전 개발은 더욱 활발해질 거라고 하니 정말 잘된 일이지 뭐에요.

해저 유전 못지않게 최근 관심이 높아진 것이 오일 샌드(oil sand)예요. 오일 샌드란 흙과 역청, 점토가 뒤섞인 시커먼 기름 덩어리를 말해요. 이 기름 덩어리에서 흙과 역청 등의 이물질을 제거하면 100킬로그램당 약 11킬로그램의 원유를 얻을 수 있다고 하죠. 즉, 오일 샌드 안에 약 10퍼센트의 석유가 섞여 있는 셈이에요.

그런데 개발 비용이 배럴당 20~25달러 정도여서 석유 가격이 40달러 하던 시절에는 너무 비싸 엄두를 낼 수가 없었지요. 해저 유전의 경우처럼 말이에요. 하지만 유가가 60달러 이상 올라가면서 오일 샌드는 큰 인기를 얻고 있어요.

세계에서 오일 샌드가 가장 많이 나는 곳은 베네수엘라와 캐나다예요. 이 중 캐나다에서는 벌써 하루에 110만 배럴을 생산 중인데, 그 양이 점점 더 늘어나 2015년에는 하루에 300만 배럴까지 생산이 가능하대요.

그런데 기쁜 소식이 있어요. 우리나라는 2006년에 캐나다 앨버타 주의 오일 샌드 광구를 사들였어요. 총 매장량만 무려 2억 5,000만 배럴 규모이지요. 이는 우리나라 국민이 4개월을 쓸 수 있는 엄청난 양이에요. 세계는 지금 앞다투어 오일 샌드를 확보하는 데 열을 올리고 있지요.

지금까지 석유가 아직 충분하다고 믿는 사람들의 이야기를 살펴보았어요. 그들의 주장을 요약하면 다음과 같아요.

첫째, 석유 개발 기술만 발달하면 기존의 유전에서 이미 생산한 것보다 두 배 이상의 석유를 생산할 수 있다.

둘째, 석유 가격이 올라가는 것은 석유가 부족해서가 아니라 OPEC과 석유 회사들의 가격 담합 때문이다.

셋째, 바다에는 아직도 개발되지 않은 엄청난 양의 석유가 남아 있다. 여기에 오일 샌드까지 개발되면 석유는 절대로 부족하지 않다.

그렇다면 여러분은 어떻게 생각하나요? 석유는 줄어들고 있다고 주장하는 사람들과 아직 충분하다고 믿는 사람들, 과연 누구의 이야기가 맞을까요? 누구라도 쉽게 대답할 수 없을 거예요. 우리는 지난 150

년간 사용했던 석유의 양은 계산할 수 있지만, 남은 석유가 얼마인지는 아무도 정확하게 말할 수 없어요.

　하지만 이것만은 분명히 말할 수 있어요. 줄어들고 있든, 아직 충분하든 간에 **석유는 분명히 유한한 자원**이라는 거예요. 따라서 언젠가는 고갈될 에너지원이라는 거죠. 그것이 20년 후인지, 100년 후인지는 아무도 알 수 없지만 석유는 모아서 다시 쓸 수 있는 빗물과는 달라요. 오늘 우리들이 사용한 석유는 내일 다시 사용할 수가 없답니다. 쓰면 쓸수록 말라 버리는 우물물처럼 말이에요.

Chapter 7
석유를 대체할
에너지는 있을까?

# 나무, 석탄, 석유

인간의 역사와 함께 동고동락해 온 에너지 삼총사.
이것을 대체할 에너지는 정말 없을까?

## 석유가 없는 시대를 대비하며

 이제 여러분에게 마지막 이야기를 하려고 해요. 드라마나 만화를 보면 마지막에 꼭 나오는 것이 있을 거예요. 다음 내용을 말해 주는 예고편 말이에요. 그런데 예고편이 나오지 않는 경우도 있어요. 마지막 회일 경우이지요. 그렇다면 오랫동안 우리들 옆에 있어 주었던 석유의 마지막 회는 언제일까요? 20년 후? 40년 후? 석유가 더 이상 나오지 않는 시대가 바로 그때일 거예요. 어쩌면 아직은 아닐지도 몰라요. 그래서 더 늦기 전에 지금 예고편을 써야 한다고 생각해요. 마지막 회가 되면 예고편이 없으니까요.

 싫든 좋든 우리는 언젠가 석유와 작별 인사를 해야만 해요. 언제까지 두 손 놓고 앉아서 석유를 그리워만 할 수는 없지요. 원시 시대로 돌아가서 동물을 사냥하고 과일을 따 먹으면서 살 수도 없고요. 그러기 위해서는 석유가 없는 시대에도 살아갈 수 있는 준비가 필요해요. 다행히도 많은 사람들이 석유를 대신할 수 있는 대체 에너지를 개발하고 있어요. 그중에서 사람들이 주목하는 것은 신·재생 에너지예요. 신·재생 에너지란 한 번 사용하면 없어지는 석탄이나 석유와는 달라요. 사용한 후에도 짧은 시간 안에 다시 사용할 수 있는 에너지를 말하지요.

# 신·재생 에너지

신·재생 에너지에는 태양광, 태양열, 풍력, 수소, 바이오 에너지, 폐기물, 지열, 연료 전지, 수력 등이 있어요. 이 중 태양광은 태양의 빛을 전기 에너지로 바꾸어 태양 전지로 사용하는 것을 말해요. 우리가 흔히 말하는 태양 전기이지요. 1893년에 프랑스의 과학자 베크렐이 최초로 광전 효과를 발견했고, 1954년에 최초로 태양 전지를 만들었어요. 지금은 많은 나라에서 태양 전지를 사용해 전기를 만들고 있지요. 더군다나 태양 전지의 수명이 20년 정도라고 하니 굉장하죠? 우리나라에서도 이미 주택은 물론이고 대학 기숙사와 박람회장에 이 시설을 갖추고 있어요.

태양광이 태양의 빛을 이용한 것이라면 **태양열**은 태양이 내뿜는 **뜨거운 열을 에너지로 이용하는 것을 말해요**. 태양열은 주로 집과 건물을 따뜻하게 데워 주는 난방용으로 많이 사용되고 있지요.

태양처럼 우리가 늘 만날 수 있는 또 다른 자연의 힘은 바람이에요. 오래전부터 인간은 바람의 힘을 이용해 왔어요. 곡식을 빻는 데 사용했던 네덜란드의 풍차는 너무도 유명하지요. 바람이 강하게 부는 곳에 풍차를 지으면 바람을 모아 전기를 만들 수 있어요. 이것을 **풍력 발전소**라고 해요. 우리나라에는 강원도와 전라도, 경상북도 등 여덟 곳에 풍력 발전소가 있어요.

공기와 물에 풍부하게 있는 수소는 무공해 에너지로 최근 큰 인기를 얻고 있어요. 또 수소는 기체라서 수송과 보관이 편하고 언제든지 쉽게 얻을 수 있는, 장점이 많은 에너지예요. 하지만 일반 연료나 자동차, 비행기의 연료로 많이 쓰이는 수소는 물에서 분해하는 데 많은 비용이 든다는 단점이 있어요.

**바이오 에너지**는 동물과 식물은 물론 우리가 버린 쓰레기와 폐기물에서도 에너지를 얻는 것을 말해요. 감자의 전분과 볏짚, 왕겨, 사탕수수, 유채의 기름, 가축의 분뇨(똥, 오줌), 미생물 등등 그 종류가 엄청나게 많지요. 이것들을 이용해서 석유 대신 자동차의 연료로 쓰이는 바이오 디젤과 바이오 에탄올 등을 생산할 수 있어요.

**태양열 주택** 태양열 주택은 이산화탄소를 줄이면서 에너지도 절약할 수 있는 효과적인 에너지 공급 대안으로 떠오르고 있다.

　한편 공장과 가정에서 쓰고 버린 폐기물에서도 에너지를 만들 수 있어요. 종이, 나무, 플라스틱 등 불에 잘 타는 폐기물을 이용해서 만든 성형 고체 연료(RDF)와 자동차 폐윤활유나 폐유를 이용해서 만든 폐유 정제유, 그리고 플라스틱과 합성수지, 고무 타이어 등을 열분해 해서 만든 플라스틱 열분해 연료유 등이 있지요. 이런 에너지들은 폐기물을 이용해서 만들었기 때문에 환경을 보호할 수 있겠죠?

　미국과 필리핀 등에서는 땅의 열(지열)을 이용해 전기를 만들기도 해요. 지열 발전은 지하에 있는 마그마가 모여서 지하수를 데우고, 이

로 인해 생긴 증기를 이용해 전기를 만드는 방식이지요. 그 밖에 인도네시아, 이탈리아, 일본, 멕시코, 뉴질랜드 등에서도 지열 발전 설비를 갖추고 있어요. 하지만 우리나라는 아직까지 온천으로 이용하는 것 외에는 지열 에너지를 크게 이용하지는 않고 있답니다.

지금까지 다양한 신·재생 에너지들에 대해 알아보았어요. 석유를 대신할 수 있는 에너지로는 어떤 것들이 있을까 궁금했는데 바람, 태양, 지열 등 자연 현상과 식물, 수소, 폐기물 등은 우리 주변에서 쉽게 구할 수 있는 것들이었네요.

하지만 이런 에너지들을 마음껏 쓸 수 있으려면 좀 더 기다려야 해요. 수소나 하이브리드*는 자동차에 사용할 수 있지만 대부분 연구 단계이거나 개발하는 데 비용이 많이 들어서 많이 보급되지는

### 하이브리드 자동차

유해 가스를 배출하는 휘발유(가솔린)와 디젤 등 석유를 원료로 하는 자동차에서 수소나 태양열 자동차 등 친환경 자동차로 넘어가는 중간 단계의 차를 말한다. 가솔린 엔진의 장점과 전기 엔진의 장점을 결합한(Hybrid) 자동차라 할 수 있다. 아직은 기술 개발이 많이 이루어지지 않아 가격이 높은 편이다.

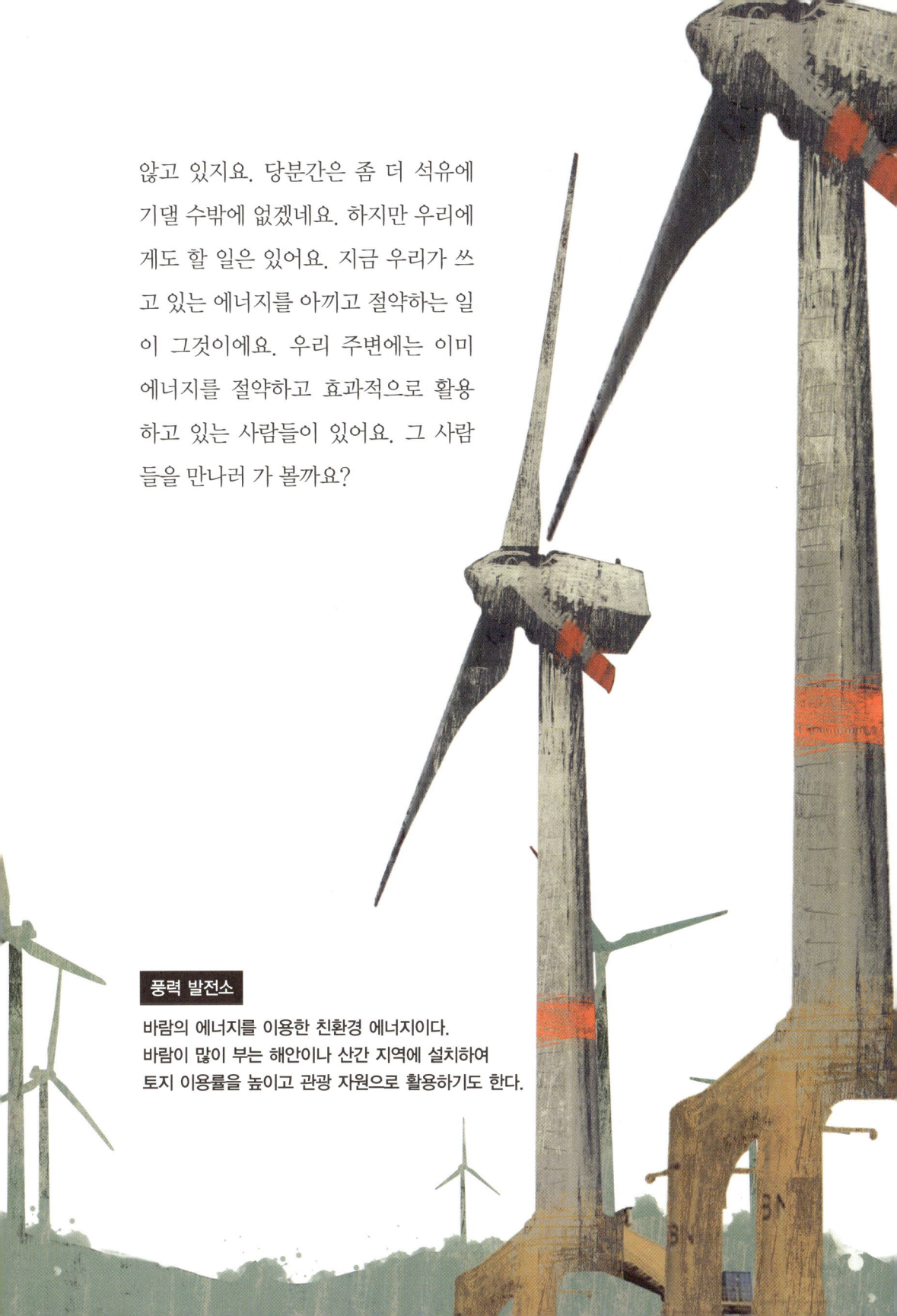

않고 있지요. 당분간은 좀 더 석유에 기댈 수밖에 없겠네요. 하지만 우리에게도 할 일은 있어요. 지금 우리가 쓰고 있는 에너지를 아끼고 절약하는 일이 그것이에요. 우리 주변에는 이미 에너지를 절약하고 효과적으로 활용하고 있는 사람들이 있어요. 그 사람들을 만나러 가 볼까요?

**풍력 발전소**
바람의 에너지를 이용한 친환경 에너지이다.
바람이 많이 부는 해안이나 산간 지역에 설치하여
토지 이용률을 높이고 관광 자원으로 활용하기도 한다.

## 에너지 절약을 실천하는 사람들

　미국 캘리포니아 주에 있는 **샌타바버라 시**의 시민들은 에너지를 절약하기 위해 많은 노력을 하고 있어요. 고유가 때문에 시내 버스의 연료를 석유가 아닌 전기나 바이오 디젤로 교체했지요. 바이오 디젤이란 식물에서 뽑아낸 기름을 말해요. 특히 야트로파나 유채를 재배하면 많은 기름을 얻을 수 있어요. 야트로파는 대추처럼 생긴 검은색 열매인데 35퍼센트가 기름이에요. 식용유로 사용하는 콩에서도 기름이 나오지만 야트로파는 값이 콩보다 다섯 배나 싸서 인기가 높아요. 성분도 석유와 비슷해서 바이오 디젤로써 안성맞춤이라고 해요. 또 이 도시 사람들은 석유 사용을 줄이기 위해 될 수 있으면 자전거를

타고, 농장을 지어 손수 식물과 야채를 재배해서 나누어 쓴다고 해요. 왜냐하면 먼 곳에서 재배한 야채를 사게 되면 운송하는 데 그만큼 석유를 사용하게 되잖아요?

아일랜드 사람들도 에너지 절약에 많은 노력을 기울이고 있어요. 아일랜드의 항구 도시 **킨세일**의 주민들은 세계 최초로 트랜지션 타운을 만들었어요. 트랜지션 타운이란 석탄이나 석유 같은 화석 자원이 없어도 살 수 있는 마을을 뜻해요.

이 도시에 가면 지역 농민들이 직접 생산한 농산물을 사고파는 시장을 볼 수 있어요. 거리가 가깝기 때문에 농민들은 트럭을 타지 않아도 물건을 가져올 수 있어요. 그리고 농사를 짓고 넘은 짚은 버리지 않고 벽 안에 채워 넣지요. 짚을 벽에 채워 넣으면 방 안의 온기를 유지해 주는 훌륭한 단열재 구실을 하거든요. 덕분에 이 도시 사람들은 1년에 3개월만 난방을 해도

충분하다고 해요. 날씨가 더울 때에는 지붕 위에 잔디를 심어 집을 서늘하게 만들고요. 그러면 여름에도 에어컨이 필요하지 않을 거예요.

그리고 자연의 힘을 이용하는 작은 발전기를 집에 만들기도 하죠. 발전기의 종류도 여러 가지예요. 비가 올 때에는 풍력 발전기를, 날씨가 좋을 때에는 태양열 발전기를, 또한 골짜기의 냇물을 이용한 수력 발전기도 있다고 해요. 이 도시 사람들은 전기세 걱정은 하지 않아도 될 것 같죠?

### 세계는 지금 탄소와의 전쟁 중!

지구 온난화의 주범인 이산화탄소의 배출량을 줄이기 위해 세계는 지금 탄소와의 전쟁 중이다. 각 나라마다 '탄소 제로'를 목표로 신·재생 에너지 개발에 열을 올리는 한편, 버려지는 자원을 새롭게 활용하는 방안을 강구하기 위한 노력도 게을리하지 않고 있다. 한 예로, 오스트리아 그라츠라는 도시는 1994년부터 폐식용유 활용 정책을 도입하여 시행했다. 그 결과, 모든 시내버스와 택시의 60퍼센트가 폐식용유를 연료로 사용하고 있다고 한다. 덕분에 그라츠는 고질적인 대기 오염 문제를 말끔하게 해결했다. 일본도 폐식용유 연료로 청소차와 버스를 운행하고 있다.

반면 우리나라는 연간 발생하는 폐식용유 18만 톤 가운데 5만 톤 가량이 하수관에 그대로 버려지고 있다. 신·재생 에너지 개발을 더 이상 미룰 수도, 미뤄서도 안 되는 이유다.

 석유에 관한 재미있는 이야기들

## 지구 말고 다른 별에도 석유가 있을까?

태양계와 은하계 너머의 별(행성)에도 지구처럼 석유가 있지 않을까? 과학자들 사이에서도 있다, 없다 논란이 되는 문제예요. 석유가 만들어진 원인에 대해 과학자들은 두 가지 이론을 주장하고 있어요. 유기 성인설과 자연 발생설이 그것이지요.

유기 성인설은 유기물이 변해서 석유가 되었다는 이론이에요. 유기물이란 동물이나 식물 같은 생명체를 말해요. 즉, 플랑크톤(식물)이나 공룡, 물고기(동물) 등이 죽은 뒤 썩어서 석유가 되었다는 것이죠. 사람들에게 가장 많이 알려진 것이 이 유기 성인설이에요.

자연 발생설은 우주에서 날아온 운석이 지구와 충돌해서 생긴 지각의 틈 사이로 석유가 솟아 나와 땅속에 고인다는 이론이에요. 이 이론이 맞다면 태양계 안에도 석유가 있는 별이 존재하겠죠. 화성이나 달을 보면 유성이나 운석과 충돌한 흔적이 곰보처럼 많이 있으니까요.

하지만 많은 사람들은 자연 발생설보다는 유기 성인설이 맞다고 생각하고 있어요. 동물과 식물의 몸에서 나온 유기물이 오랜 시간 동안 쌓이고 화학 작용을 일으켜서 석유로 변했다고 믿는 것이지요. 만일 다른 별에도 석유가 있다면 그 별은 틀림없이 지구처럼 물도 있고 생명체가 살고 있을 거예요. 어쩌면 외계인도 살고 있을지 몰라요. 여러분이 혹시 외계인과 만나게 되면 꼭 물어보세요.

"당신들 별에도 석유가 있나요?"

## 작전명 '사우디아라비아 왕자를 모셔라!'

1973년의 어느 날, 중동의 석유 부유국인 사우디아라비아의 왕자가 한국을 방문했어요. 다른 나라의 최고 지도자나 왕이 한국을 방문하는 것은 종종 있는 일이지만 대통령과 정부 사람들은 다른 때와 다르게 대처했어요. 사우디아라비아 왕자를 맞이하기 위해 맛있는 식사를 만들고, 최고급 호텔을 예약하고, 심지어 선물로 박사 학위를 준비해 두기도 했어요. 그리고 왕자가 도착하는 날에는 대통령이 직접 공항에 나가 맞이했어요. 마치 하느님이 하늘에서 내려오기라도 한 듯 야단법석이었지요. 왕도 아니고 그냥 왕자일 뿐인데 말이에요. 그건 바로 석유 때문이었어요.

1973년에 제1차 석유 파동, 즉 오일 쇼크가 일어났지요. 미국을 싫어했던 중동의 나라들은 미국은 물론이고 미국과 친한 나라들에게까지 석유를 팔지 않겠다고 큰소리를 쳤고요. 우리나라도 그 대상이었죠. 이때에는 돈이 있어도 석유를 살 수가 없었어요. 석유가 갑자기 귀해지니 물건 값이 자고 일어나면 껑충 뛰었어요. 경상 수지 적자도 네 배 이상 늘어나면서 우리나라 경제는 휘청거렸지요. 어떻게 해서든지 석유를 구해야 했어요. 그러기 위해서는 화가 잔뜩 나 있는 중동 국가들을 달래야만 했답니다. 그때 사우디아라비아의 왕자가 우리나라를 방문한 거예요. 사우디아라비아 왕자의 기분을 좋게 해서라도 다시 석유를 수입해야만 했던 거지요.

어쨌든 사우디아라비아 왕자는 우리나라의 대접에 기분이 좋아졌어요. 그 덕택에 왕자가 돌아간 뒤 우리 정부는 사절단을 보내어 중동과 대화를 시작할 수 있었지요. 그리하여 토목, 전기, 건축 등 많은 회사들이 중동에 진출해 많은 외화를 벌게 되었어요. 그리고 석유도 다시 수입할 수 있었고요. 지금은 우스운 일이라고 생각할 수 있지만, 그만큼 우리나라가 석유를 필요로 했다는 것을 증명하는 일화예요.

## 석유로 큰돈을 번 두 명의 석유왕

### 폴 게티 Paul Getty, 1892~1976

언제부터인가 사람들은 어떤 분야에서 큰 업적을 이룬 인물을 '왕'이라고 부르기 시작했어요. 전등과 축음기를 발명한 발명왕 에디슨, 유명한 자동차 회사인 포드사를 만든 자동차의 왕 포드, 선박의 왕인 오나시스, 금융의 왕인 J.P. 모건, 큰 제철소를 세운 강철왕 카네기, 많은 언론사를 설립한 언론왕 루퍼트 머독 등등. 석유도 예외는 아니었어요.

미국 최초의 억만장자로 기록된 '석유왕' 폴 게티의 어릴 적 꿈은 외교관이었어요. 성공한 변호사이면서 유전 개발 사업자였던 아버지 덕에 폴 게티는 부유한 환경에서 자랐어요. 하지만 부잣집 도련님으로 살기보다는 자기 힘으로 돈을 벌고 싶었던 폴 게티는 열여섯 살 때부터 아버지 회사의 석유 채굴 현장에서 일했지요. 다른 석유 노동자들처럼 하루에 12시간 일을 하고 똑같이 3달러를 받았어요. 이때의 경험이 훗날 석유왕이 되는 밑거름이 되었답니다.

폴 게티는 공부도 잘하는 모범생이었어요. 영국의 옥스퍼드 대학을 졸업한 후 석유 때문에 외교관의 꿈을 버렸어요. 그리고 스물두 살 때부터 본격적으로 석유 개발 사업을 시작했지요. 그때 수중에 가진 돈은 100달러가 전부였대요. 하지만 불과 2년 만에 100만 달러를 벌었어요.

"폴 게티 씨, 어떻게 하면 당신처럼 큰 부자가 될 수 있나요?"

"간단합니다. 아침에 일찍 일어나세요. 그리고 하루 종일 일하세요. 그것 뿐입니다."

폴 게티는 누구보다 일찍 일어났고, 하루에 무려 16~18시간씩 자신의 일에 집중했다고 해요. 또한 그는 과감한 판단을 내릴 줄 알았어요. 또 위기가 닥칠 때마다 기회로 삼는 사람이었어요.

1930년의 미국은 대공황이라고 불렸던 경기 불황의 시기였어요. 모든 사람들이 주식을 팔아 댈 때 폴 게티는 반대로 싼값에 주식을 사 모으기 시작했어요. 그는 대공황이 오래가지 않아 끝날 거라고 예상했어요. 그의 예상은 정확했어요. 경기가 다시 회복되자 폴 게티는 거대한 석유 회사인 타이드워터사를 사 들였어요. 그리고 명실공히 세계 최고의 부자가 되었지요. 1976년에 여든네 살의 나이로 숨을 거두었지만 많은 사람들은 그가 남긴 말을 여전히 기억하고 있답니다.

"나의 성공 비결은 늦게까지 일하다가 우연히 석유를 발견한 것이다."

## 존 록펠러 John Rockefeller, 1839~1937

호텔에 간 한 중년 남자가 직원에게 제일 싼 방을 달라고 했어요. 그러자 직원은 깜짝 놀라며 말했어요.

"아니, 아드님은 제일 비싼 방에 묵으시는데 회장님은 제일 싼 방을 찾으시다니요?"

"하하, 당연하지. 그 녀석에게는 부자 아버지가 있지만 나에게는 부자 아버지가 없거든."

전설적인 미국의 석유왕 록펠러에 대한 유명한 일화예요.

록펠러는 석유를 발견하기 전에 금광업을 했던 적이 있었어요. 하지만 사기를 당해 가진 돈을 모두 털리고 큰 빚까지 지는 위기를 겪게 되었죠. 순간 너무 힘들어서 자살까지 생각했다고 해요. 하지만 그는 포기하지 않고 혼자서라도 금을 캐기 위해 광산을 파기 시작했어요. 이 모습을 지켜본 사람들은 록펠러가 미쳤다고 생각했을 거예요. 그런데 난데없이 검은 물이 땅에서 뿜어져 나왔어요. 그가 찾던 황금은 아니었지만 이 검은 물은 그에게 역사상 최고의 부자라는 칭호를 만들어 준 황금 물이었어요. 바로 석유였지요. 그의 나이 겨우 스물네 살 때의 일이었어요.

    록펠러는 서른세 살에 백만장자가 되었고, 10년 후인 마흔세 살에는 미국의 최고 부자가, 또 정확히 10년 후인 쉰세 살에는 세계 최고의 갑부가 되었어요.

    하지만 어린 시절의 록펠러는 무척 가난한 산골 소년이었어요. 열여섯 살이 된 록펠러는 취직을 하고 싶었지만 고교 졸업장이 없었던 그에게 일자리를 주는 회사는 단 한 곳도 없었어요. 하지만 강인한 그는 포기하지 않았어요. 아침 8시가 되면 검은 양복에 넥타이를 매고 무작정 회사들을 찾아다녔어요. 하루도 빼놓지 않고 몇 개월을 말이에요.

    "실례합니다. 여기에서 면접 좀 볼 수 있을까요?"

    "이 친구 또 왔네. 도대체 이게 몇 번째야? 당신은 안 된다니까."

    이렇게 끈질긴 집념 끝에 록펠러는 작은 회사의 경리로 취직을 했어요. 성실하고 근면하여 많은 사람들의 인정을 받았지만 그는 거기에 만족할 수가 없었어요. 큰 부자가 되고 싶었던 그는 금광 사업을 시작했다가 우연히 석유를 발견했어요. 그리고 1863년에는 유전 개발에만 만족하지 않고 석유 회사를 만들었죠. 우리나라 사람들에게 솔표 석유를 팔았던 미국의 스탠더드 오일이 그 회사예요.

　록펠러는 돈도 많이 벌었지만 또 가장 많은 돈을 사회에 기부한 사람 가운데 한 명이에요. 노인이 된 록펠러는 자선 사업가로 변신해서 록펠러 의학 연구소와 록펠러 재단, 시카고 대학 등을 설립했어요. 하지만 모든 사람들이 록펠러를 좋아하거나 존경하는 것은 아니에요.

　한창 돈을 벌 때의 록펠러는 무척이나 비정한 사람이었어요. 수단과 방법을 가리지 않는 사람이라는 평가를 받기도 했고요. 정치인들에게 뇌물을 주었고, 경쟁하는 회사를 협박하기도 했어요. 또 철도 회사와 몰래 계약을 맺어 자기 회사가 아닌 다른 회사의 석유를 수송할 때에는 비싼 요금을 물리게 하기도 했지요. 그리고 다른 회사의 기술을 몰래 빼돌리거나 주가 조작도 했어요.

　미국의 대통령이었던 루스벨트는 록펠러의 그런 면을 가리켜 이렇게 말했어요. "록펠러가 자신이 번 돈으로 아무리 착한 일을 많이 하더라도 그 돈을 벌 때 저질렀던 나쁜 일들을 모두 보상할 수는 없다."

　또 어떤 사람은 록펠러의 선행을 보며 이렇게 비아냥거리기도 했지요. "그 사람은 늙어서 기부라도 하지 않았으면 힘들었을 것이다. 그러지 않았다면 그 많은 돈에 깔려 죽었을 테니까."

**미래생각발전소 01  검은 눈물, 석유**

초판 1쇄 발행 2009년 8월 12일
초판 33쇄 발행 2025년 4월 25일

**글쓴이** 김성호 | **그린이** 이경국
**펴낸이** 김민지 | **펴낸곳** 미래M&B
**등록** 1993년 1월 8일(제10-772호)
**주소** 04030 서울시 마포구 동교로 134(서교동 464-41) 미진빌딩 2층
**전화** 02-562-1800 | **팩스** 02-562-1885
**전자우편** mirae@miraemnb.com | **홈페이지** www.miraei.com
**블로그** blog.naver.com/miraeibooks | **인스타그램** @mirae_ibooks
ISBN 978-89-8394-551-8 74300 | ISBN 978-89-8394-550-1 (세트)

글 ⓒ 김성호, 2009 · 그림 ⓒ 이경국, 2009
사진 ⓒ 게티이미지

＊ 잘못 만들어진 책은 구입처에서 바꾸어 드립니다.
＊ 이 책은 저작권법에 따라 한국 내에서 보호받는 저작물이므로 무단 전재와 복제를 금합니다.

아이의 미래를 여는 힘, **미래𝑖아이**는 미래M&B가 만든 유아·아동 도서 브랜드입니다.